2020 年度上海市重点图书

U0871985

高速铁路钢-混叠合连续梁桥建造技术

曹保利　赵　勇　主编

同濟大學出版社
TONGJI UNIVERSITY PRESS

内容提要

本书依托新建商合杭铁路站前五标古城特大桥钢-混连续叠合梁桥工程，通过专项研究并结合相关研究成果与建造经验，系统探讨了基于预顶升施工方法的钢-混叠合梁桥在设计、构件制造、施工、施工监控、风险评估等方面的关键技术问题，并对钢-混叠合梁桥技术问题进行了进一步总结。

本书读者对象主要为土木工程、桥梁工程及相关专业工程技术人员，也可供对此领域有兴趣的读者参考。

图书在版编目(CIP)数据

高速铁路钢-混叠合连续梁桥建造技术 / 曹保利，赵勇主编. —上海：同济大学出版社，2020.6

ISBN 978-7-5608-9269-6

Ⅰ. ①高… Ⅱ. ①曹… ②赵… Ⅲ. ①高速铁路—钢筋混凝土桥—连续梁桥—叠合梁—铁路桥—桥梁施工 Ⅳ. ①U448.13

中国版本图书馆 CIP 数据核字(2020)第 100297 号

高速铁路钢-混叠合连续梁桥建造技术

曹保利 赵 勇 主编

责任编辑 马继兰 **责任校对** 徐春莲 **封面设计** 陈益平

出版发行 同济大学出版社 www.tongjipress.com.cn

(地址:上海市四平路 1239 号 邮编:200092 电话:021-65985622)

经 销 全国各地新华书店、建筑书店、网络书店

印 刷 常熟市华顺印刷有限公司

开 本 700 mm×1000 mm 1/16

印 张 9.75

字 数 195 000

版 次 2020 年 6 月第 1 版 2020 年 6 月第 1 次印刷

书 号 ISBN 978-7-5608-9269-6

定 价 68.00 元

前 言

钢-混叠合梁桥作为现代桥梁结构形式的一个重要分支，近年来，因其工业化程度较高、质量可控、性能较优、建造过程较环保等优势而逐渐被广泛应用于我国的桥梁工程中。但是，由于工程实践经验不足，以及负弯矩区混凝土桥面板开裂等问题尚未解决，钢-混叠合梁桥在我国高速铁路建造中的应用仍主要局限于中、小跨径桥梁。

新建商合杭铁路站前五标古城特大桥针对钢-混叠合梁桥负弯矩区混凝土桥面板的开裂问题，提出了通过预顶升施工为负弯矩区混凝土桥面板施加预压应力的方法。新的方法为工程的建造提出了新的要求。因此，本书通过开展专项研究，系统探讨了基于预顶升施工方法的高速铁路钢-混叠合梁桥在设计、构件制造、施工、施工监控、风险评估等方面的关键技术问题，并结合近年来的一些相关研究成果与建造经验，对这些技术问题进行了进一步总结。

本书的基本体系如下：

第 1 章主要介绍了组合结构桥梁及钢-混叠合梁桥的发展、研究与应用现状，提出了叠合梁桥建造过程中的关键问题，并总体介绍了古城特大桥的工程特点。

第 2 章主要分析了基于预顶升施工的钢-混叠合梁桥的受力特性，同时探讨了混凝土桥面板的收缩徐变、构件的制造误差等对结构整体受力特性的影响。

第 3 章主要对钢-混叠合梁桥预顶升施工的方案进行了探究、比较与优化，并介绍了钢-混叠合梁桥的制造加工、安装与顶升工艺和工法。

第 4 章主要介绍了高速铁路钢-混叠合梁桥环氧树脂砂浆及其薄层摊铺施工工艺。

第 5 章主要介绍了高速铁路钢-混叠合梁桥在预顶升施工过程中的施工监测与控制相关技术。

第 6 章主要阐述了钢-混叠合梁桥预顶升施工过程中的风险评估方法、风险分析及风险控制技术。

钢-混叠合梁桥的建造与施工技术已成为我国桥梁工程学科中的一个重要领域。限于作者的精力与水平，本书中难免存在不当之处，谨请各位读者批评指正。

2019 年 10 月

目 录

前言

1 绪论 …… 001
1.1 钢-混凝土组合结构桥梁的发展现状概述 …… 001
1.2 钢-混叠合梁桥的发展现状概述 …… 003
1.3 钢-混叠合梁桥的关键问题 …… 007
1.4 工程实例概述 …… 009

2 基于预顶升施工的钢-混叠合梁桥受力特性分析 …… 012
2.1 预顶升施工过程钢-混叠合梁受力性能研究 …… 013
2.2 成桥后混凝土桥面板收缩徐变对叠合梁桥的影响性分析 …… 019
2.3 钢-混叠合梁桥受力对制造误差的敏感性分析 …… 021
2.4 本章小结 …… 032

3 钢-混叠合梁桥预顶升施工关键技术 …… 034
3.1 钢主梁的加工 …… 034
3.2 混凝土桥面板的预制 …… 050
3.3 预顶升施工对结构受力影响参数化分析 …… 051
3.4 顶升回落方案的比较与优化 …… 067
3.5 钢-混叠合梁的安装与顶升工艺 …… 076
3.6 本章小结 …… 095

4　高速铁路钢-混叠合梁桥薄层环氧树脂砂浆施工工艺研究 …… 096
4.1　环氧树脂砂浆的选型与配合比研究 …… 096
4.2　环氧树脂砂浆薄层摊铺施工设备研究 …… 103
4.3　环氧树脂砂浆薄层摊铺施工工艺研究 …… 106
4.4　本章小结 …… 109

5　高速铁路钢-混叠合梁桥预顶升过程监测与控制 …… 111
5.1　概述 …… 111
5.2　施工监控方法研究 …… 112
5.3　实时监测与分析 …… 115
5.4　施工过程监测数据分析与控制 …… 121
5.5　本章小结 …… 129

6　钢-混叠合梁桥预顶升施工风险控制技术 …… 130
6.1　风险评估方法 …… 130
6.2　施工风险分析与控制 …… 134
6.3　本章小结 …… 143

参考文献 …… 145

1 绪 论

1.1 钢-混凝土组合结构桥梁的发展现状概述

钢-混凝土组合结构(以下简称“钢-混组合结构”)是指通过剪力连接件将钢板梁、钢箱梁、钢桁梁等钢结构与钢筋混凝土构件结合成组合截面共同工作的一种复合式结构,是一种在钢筋混凝土结构和钢结构的基础上发展起来的结构形式,兼具二者的优点。一方面,同钢筋混凝土结构相比,钢-混组合结构截面尺寸小,自重轻,抗震性能良好,且施工工期短、效率高;另一方面,同钢结构相比,钢-混组合结构整体刚度大,稳定性和整体性良好,抗火性能和耐久性能均有所改善。如今,钢-混组合结构桥梁已经成为桥梁结构形式的一个重要分支,常见的种类包括钢-混叠合梁桥、钢桁架-混凝土组合梁桥、钢管混凝土拱桥等。

钢-混组合结构大约诞生于 20 世纪 20 年代,其最初的形式为钢梁外包裹混凝土,目的在于提高钢结构的防火性能,但未考虑两种材料间的组合效应。1922 年,加拿大多蒙尼桥梁公司(The Dominion Bridge Company)的 H. M. MacKay, P. Ginespie 等对“外包混凝土的 T 字形钢梁”进行了试验研究,发现在钢梁和混凝土之间存在一定的黏结力,能够使混凝土与钢梁协同工作,从而首次提出了组合梁的概念。

20 世纪 40 年代初,钢-混组合结构梁开始进入发展阶段,世界各国相继针对这一结构形式开展了更全面的研究,尤其是对抗剪连接件开展了系统研究。有关连接件的研究成果促进了钢-混组合结构在各个工程领域的发展与应用,这其中包括钢-混组合结构桥梁。各国从实际工程需要出发,相继制定了有关组合结构桥梁的设计规范或规程。美国是最早制定组合桥梁设计规范的国家,美国钢结构协会(AISC)在 1936 年修订《钢结构设计、支座和安装规范》的过程中,增加了关于外包混凝土组合梁的设计、施工等相关内容的规定;1944 年,美国州际公路协会(ASSHTO)制定的《公路桥涵设计规范》中纳入了组合结构桥梁的相关规定。在第二次世界大战结束后，德国为解决战后重建过程中钢材短缺的问题而使用了大量的组合结构，并于1954年基于实践经验制定了《桥梁组合梁标准》(DIN 1078)。苏联第一座公路组合梁桥建于1944年，在1962年的《苏联铁路、公路、城市道路桥涵设计技术规范》(CH 200—62)中专门列出了一章内容，系统介绍了"钢-混凝土组合结构"的设计和有关构造。日本建设省土木研究所于1952年开始进行组合梁的研究，并于1959年制定了《道路钢桥组合梁设计施工指南》，此后日本修建了大量的组合结构桥梁。

但是，钢-混组合结构桥梁的发展也经历了一些坎坷。20世纪60年代前建造的钢-混组合结构桥梁多受限于设计理论、施工方法等方面的不足，出现了诸如混凝土桥面板开裂、剪力键疲劳破坏等问题，一度影响了钢-混组合结构桥梁的应用。20世纪20年代，E. S. Andress首先提出了钢-混组合结构梁计算的换算截面理论，其主要思想是基于弹性理论方法，将混凝土和钢材两种不同材料组成的截面等效成为同一种均质材料组成的截面，但是这种方法没有考虑两种材料结合面处相对滑移产生的影响，从而导致理论分析结果与实际受力情况之间存在一定的差异。20世纪50年代，N. M. Newmark对这种换算截面理论进行了改进，提出了考虑两种材料结合面处相对滑移的"不完全相互作用"理论，但他在推导过程中使用了非常复杂的微分方程，不适用于实际工程的计算需要。20世纪60年代，Tharliman对极限强度理论在钢-混叠合梁中应用的可行性进行了试验研究，结果表明，当叠合梁达到极限承载力时，中和轴通常位于混凝土翼缘板内，可认为钢梁的全截面均达到了抗拉屈服强度。目前在国内外相关规范中，普遍采用了这种极限强度理论。

与其他国家相比，我国对钢-混组合结构的研究与应用起步并不算太晚。从20世纪50年代起，钢-混组合结构在我国的交通、冶金、电力及煤矿等行业中都有所应用。1957年，建成的武汉长江大桥(图1-1)上层公路桥就采用了钢-混组合结构(跨径18 m)，但当时未考虑钢材与混凝土之间的组合效应，而仅仅将其作为强度储备以提高结构的安全性或方便施工；1953年，交通部公路总局还编制了《钢筋混凝土板与钢梁联合梁桥》的通用图，桥梁跨径达到44 m。

1974年，钢-混凝土组合梁的理念出现在交通部颁布的《公路桥涵钢结构及木结构设计规范》中。20世纪80年代，哈尔滨建筑工程学院、郑州工学院、建筑科学研究院等高校、科研单位结合我国的实际情况对组合梁的性能进行了较为

图 1-1 武汉长江大桥

系统的研究，并在此基础上重新修订和编制了《公路桥涵钢结构及木结构设计规范》(JTJ 025—1986)等规范中的相关部分，为钢-混组合结构桥梁在我国的推广应用提供了理论依据。

1.2 钢-混叠合梁桥的发展现状概述

1.2.1 钢-混叠合梁桥在公路与城市道路工程中的发展现状

近年来，随着我国桥梁工程的迅速发展，钢-混叠合梁桥在我国公路和城市道路桥梁中的应用越来越广泛。1993 年，由北京市市政工程设计研究总院设计、建造的北京国贸桥，在三个主跨都采用了钢-混凝土叠合板连续梁结构，为钢-混叠合板梁在我国城市立交桥中的首次应用(图 1-2)。

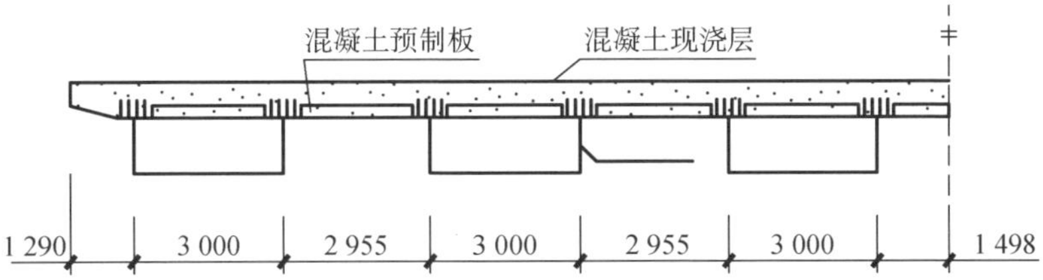

图 1-2 北京国贸桥钢-混叠合板梁桥横断面示意图(单位:mm)

1991 年,建成的上海南浦大桥(图 1-3),跨越黄浦江水道,主桥全长 836 m,主桥加劲梁采用钢-混叠合梁结构,下部为钢箱梁,上部采用混凝土预制桥面板,是上海市区第一座我国自主设计、建造的双塔双索面叠合梁斜拉桥。1993 年,建成的上海杨浦大桥(图 1-4),主桥全长 1 172 m,亦为钢-混叠合梁斜拉桥,使用桥面吊机进行安装,实现了多项建造技术上的突破。

图 1-3　南浦大桥

图 1-4　杨浦大桥

2004 年,长沙市建成的洪山庙大桥是当时世界上跨度最大的独塔无背索斜拉桥,其主梁采用钢-混叠合梁形式。洪山庙大桥在施工过程中,先采用多点拉杆水平千斤顶顶推法将钢主梁顶推到位,随后逐段施工斜塔柱及挂设斜拉索,然后安装桥面板(图 1-5)。

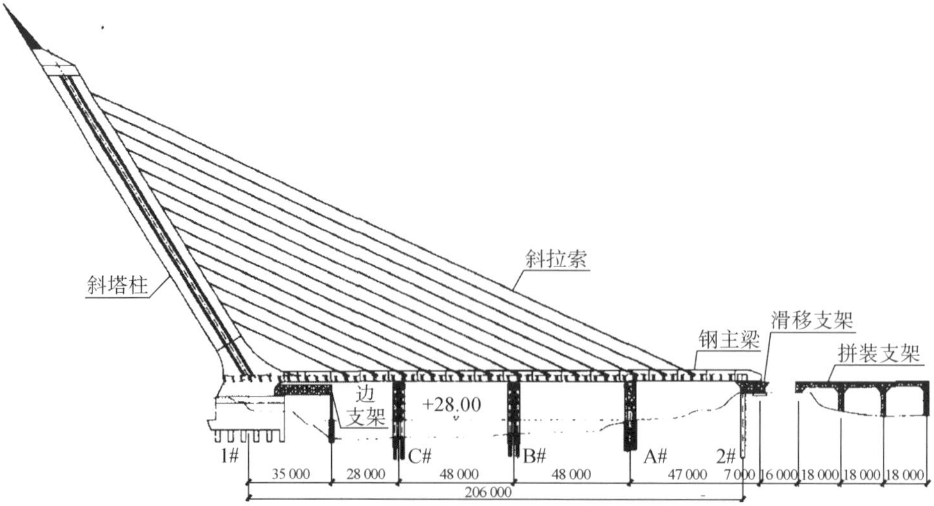

图 1-5　长沙洪山庙大桥施工总布置图(单位:mm)

2018 年，港珠澳大桥正式开通运营，其浅水区非通航孔桥采用了 85 m 跨径的连续叠合梁桥结构形式，5～6 孔为一联，全桥共 11 联，共计 128 片叠合梁，采用了整墩分幅的布置形式(图 1-6)。

图 1-6　港珠澳大桥浅水区非通航孔桥

1.2.2　钢-混叠合梁桥在铁路工程中的发展现状

欧洲的一些国家对钢-混叠合梁桥的研究起步较早，在铁路钢-混叠合梁桥的设计、施工等方面也积累了一些经验。自 20 世纪 80 年代以来，德国先后修建了多座铁路钢-混叠合连续梁桥。如图 1-7 所示为德国于 1993 年建成的 Hedemunden 铁路高架桥，其钢梁部分采用了箱形断面，全长 416 m，最大跨度达到 96 m。在法国高速铁路建造过程中，也使用了较多的钢-混叠合梁桥，如图 1-8、图 1-9 所示，其钢梁部分通常采用工形断面或箱形断面。

我国自 20 世纪 80 年代以来，已经有一些铁路桥采用简支钢板梁或钢箱梁形式的叠合梁桥，其最大跨度可达到 48 m，采用刚性连接器及高强度螺栓作为剪力连接件。2003 年建成的秦皇岛至沈阳客运专线上，采用钢-混叠合梁结构形式的桥梁共有 14 座，共计 16 联。在西安南京铁路线合肥至南京工程中，襄滁河特大桥为 3 孔钢-混叠合连续梁桥跨越滁河，跨径布置为 32 m+40 m+32 m。钢梁采用双箱单室断面如图 1-10 所示。

图 1-7　德国 Hedemunden 铁路高架桥

图 1-8　法国 TGV 东欧线 A31 铁路桥

图 1-9　法国 TGV 地中海线 Bonpas 铁路桥

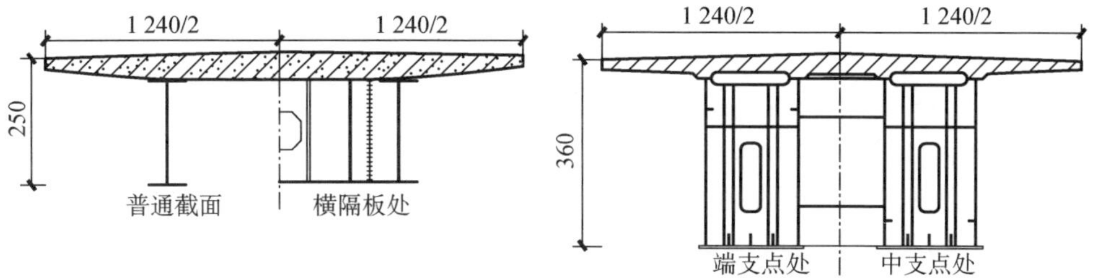

(a) (24 m+32 m+24 m)钢-混叠合梁桥　　(b) (40 m+50 m+40 m)钢-混叠合梁桥

图 1-10　秦沈客运专线钢-混叠合梁桥断面示意图(单位:cm)

但是,与钢-混叠合梁桥在公路、城市道路工程中的应用相比,其在我国铁路工程中的应用并不十分广泛,形式主要集中在中、小跨径的连续梁桥中,其主要原因在于,一方面,铁路的重载比例大,对桥梁的性能要求较高,钢-混叠合梁桥的设计技术与施工经验有所欠缺;另一方面,钢-混叠合梁桥本身负弯矩区混凝土桥面板的开裂问题未能得到有效解决,桥梁的耐久性不能得到很好的保障。因此,在铁路工程中,钢-混叠合梁桥的相关建造技术仍有待进一步研究与发展。

1.3　钢-混叠合梁桥的关键问题

目前,在钢-混叠合梁桥建造过程中,关键问题主要在于以下几个方面。

1. 剪力连接件设计

保证钢主梁与混凝土桥面板之间连接件安全、有效,这是钢-混叠合梁桥发挥其性能优势的前提。然而,在复杂应力状态下,钢主梁与混凝土桥面板之间是否存在相对滑移,且相对滑移是否会对结构的受力安全性产生影响等问题是较难验证的。目前,钢-混叠合梁设计方法与计算理论多是建立在剪力连接件可靠的基础上。我国现行《公路组合桥梁设计与施工规范》(JTG/T D64-01—2015)是通过对组合梁换算截面的刚度进行折减,并对剪力连接件的构造与计算进行详细规定等方法计入相对滑移的影响。

2. 负弯矩区设计

钢-混叠合梁的优点之一就是能够充分发挥钢材的抗拉性能和混凝土的抗压性能,避免了钢构件受压易屈曲、混凝土受拉易开裂的问题。但是在负弯矩区,则会出现下部钢主梁受压、上部混凝土桥面板受拉的情况,容易导致钢梁的局部失稳和混凝土桥面板的开裂。

钢主梁的局部屈曲失稳问题可通过适当增加加劲肋的数量、板件厚度解决。针对负弯矩区混凝土桥面板的开裂问题,目前常见的解决方法有桥面板之后钢梁结合、施加桥面板预应力、采用预顶升施工(支座位移法)等。

3. 横向稳定设计

对于梁式桥来说,整个桥梁结构可能会面临倾覆问题。在外界荷载的作用下,整个桥梁结构一旦达到翻转的临界状态,梁式桥结构就会变成机动体系,可能会绕着一个轴发生翻转,从而导致整体倾覆破坏。对于钢-混叠合梁桥来说,由于结构自重较小,其倾覆问题更加严重,如 2012 年 8 月 24 日,哈尔滨阳明滩大桥引桥因车辆超载而发生了倾覆垮塌事故,其结构形式为独柱墩的钢-混叠合梁桥(图 1-11)。

图 1-11 哈尔滨阳明滩大桥引桥发生倾覆垮塌事故现场

在钢-混叠合梁桥的设计中,必须妥善考虑采用直线或大曲率的独柱墩梁桥形式,对有必要采用的独柱墩梁桥结构应考虑适当增加支座的横向间距,或直接进行固结处理。同时,对于抗倾覆力矩较小的钢-混叠合梁桥,可采用抗拉支座或设置竖向抗拉钢筋,提高其抗倾覆的安全储备。

4. 工程实践不足,存在施工质量与安全控制风险

现阶段,我国铁路工程中钢-混叠合梁桥的工程实践不足,因而对于如何建

造符合铁路运输需求的钢-混叠合梁桥缺少足够的工程经验。铁路运输的载重量普遍较大，铁路桥梁的性能需求也更高，这对铁路桥梁的工程质量与风险控制提出了更高的要求。例如，对采用预顶升施工解决负弯矩区混凝土桥面板开裂问题的钢-混叠合梁桥来说，往往需要大量程的顶升以使桥面板能够储备足够的预压应力。大量程顶升施工的同时伴随着更大的施工安全风险，由此需要更加完善的施工质量与安全风险控制措施。

1.4 工程实例概述

新建商合杭铁路站前五标古城特大桥在 DK145＋597.75～DK145＋851.45 段设计上采用 5×50 m 上承式无砟轨道无预应力体系钢-混连续叠合梁跨越茨谷河，路线与茨谷河夹角 154°。连续叠合梁采用“钢箱梁＋环氧树脂中间介质层＋混凝土桥面板”组合结构(图 1-12)。

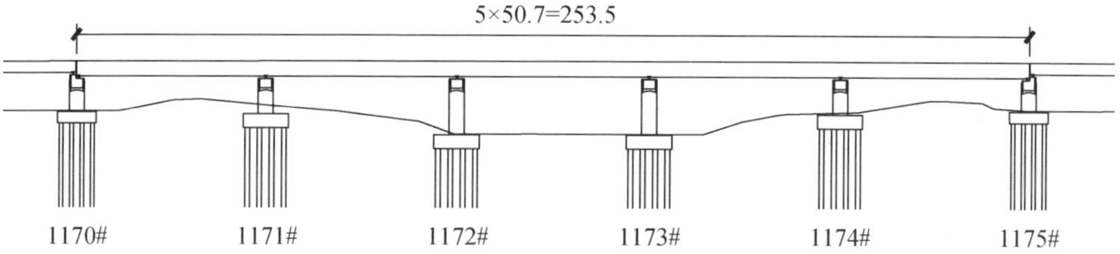

图 1-12 古城特大桥桥位布置图(单位:m)

古城特大桥钢梁部分采用桥梁专用钢材。钢梁所用钢板在钢厂内定制生产，钢板进场后根据钢板材质与厚度进行了焊接工艺试验，试验完成后组织召开了由专家及焊接人员等参加的焊接工艺评定会，根据焊接试验结果制定了焊接工艺方法，为钢梁的焊接提供了可靠的技术保障。钢梁加工完成、试拼合格后运至施工现场，进行吊装、焊接(图 1-13)。

古城特大桥混凝土桥面板分为预制桥面板与现浇桥面板两类。预制桥面板与钢梁之间通过环氧树脂砂浆黏结，该施工方法及工艺是国内在时速 350 km/h 的高速铁路建设中首次应用。环氧树脂砂浆薄层厚度为 15 mm，单块环氧树脂砂浆的施工面积为 3.5 m×7.0 m。

针对钢-混叠合梁桥负弯矩区混凝土桥面板的开裂问题，古城特大桥提出了预顶升施工的方法，混凝土桥面板设计为无预应力体系，通过在施工过程中

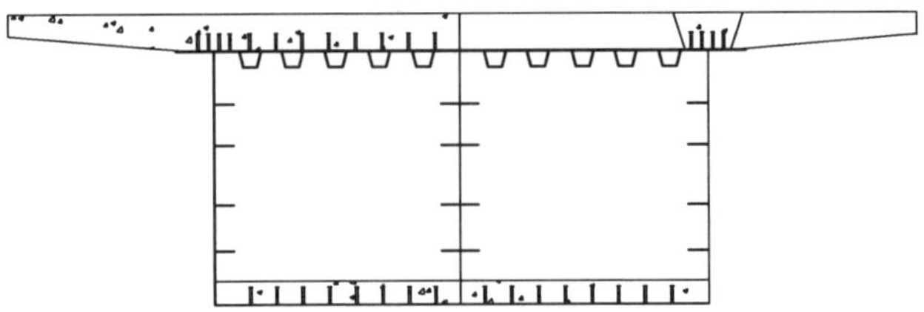

图 1-13　古城特大桥断面示意图

将钢梁顶升与回落，利用钢梁的变形对混凝土桥面板施加预压应力。在桥面板施工前，将次中墩处钢梁顶升 20 cm、中墩处钢梁顶升 70 cm，边墩处钢梁高度保持不变。此时，为了避免钢梁底部脱空，在边墩和次中墩的钢梁下设置了精轧螺纹钢锁紧装置，将钢梁拉住、锁紧。在中跨顶板及边跨底板部分混凝土施工完成后，中墩处钢梁下降 70 cm，次中墩处钢梁高度保持不变；继续完成次中墩处混凝土施工，次中墩处钢梁下降 20 cm，最后完成剩余混凝土工程。

因此，古城特大桥建造过程中面临着以下几个关键技术问题：

1. 预顶升钢-混叠合梁桥的受力特性

为了保证预顶升钢-混叠合梁桥施工过程的顺利进行，必须明确预顶升施工过程中钢-混叠合梁结构的受力特性，把握薄弱的受力环节，为施工工艺与施工监控工作的开展提供坚实的理论支撑。

2. 预顶升钢-混叠合梁桥的构件加工、安装与顶升施工

古城特大桥部分构件位于竖曲线上，对构件的制造精度要求较高，构件制造误差对预顶升施工关键环节的影响有待于进一步探究；各孔跨影响复杂，需形成完善的顶升施工工艺。

3. 薄层环氧树脂砂浆施工工艺

预制桥面板安装过程中，环氧树脂砂浆的选型与配合比，以及大面积的薄层环氧树脂砂浆摊铺施工，尚缺少可以借鉴的工程实践，需形成专项施工技术。

4. 预顶升过程的施工监测与控制

钢主梁顶升、回落与混凝土桥面板施工交替进行，工艺复杂，预顶升施工过程是否可控、是否能够实现预计的效果以及是否会对结构线形产生不利的影响等问题，都需要全面配套的施工监测控制措施。

5. 预顶升施工过程的风险评估与控制

在预顶升施工过程中，结构的内力与变形均存在大幅度的变化，施工风险较高，必须从安全管控层面出发，明确施工主要风险，提出相应的控制方法与对策，保障施工过程的安全进行。

2 基于预顶升施工的钢-混叠合梁桥受力特性分析

预顶升施工方法是改善钢-混叠合梁桥负弯矩区混凝土桥面板开裂现象的有效方法之一，其基本原理如图 2-1 所示。预顶升施工方法实施的基本过程是在连续钢梁架设完成后顶升中间的支座，待混凝土桥面板浇筑完成后再将中支座回落到原来的位置，从而使桥面板形成预压效果。

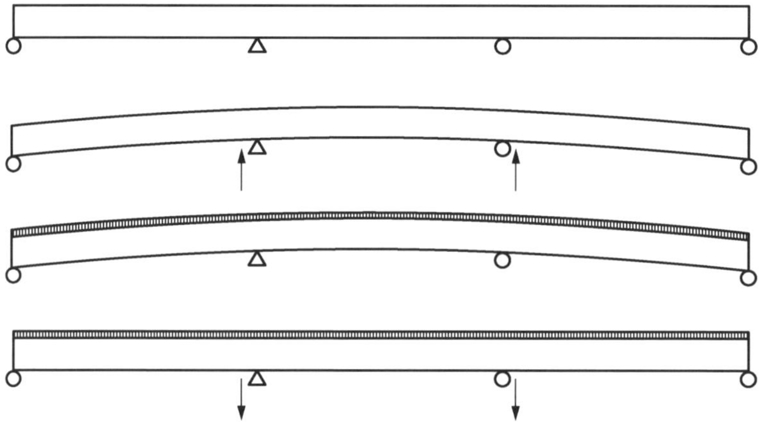

图 2-1　预顶升施工基本原理

然而，高速铁路桥梁的性能要求较高，为使负弯矩区混凝土桥面板能够储备足够的预压应力，预顶升施工过程中，钢梁会出现较大的强制位移，这将导致钢梁和混凝土桥面板的受力情况变化复杂，混凝土桥面板的收缩徐变、构件制造误差等因素对叠合梁在施工过程中整体受力情况的影响规律需进一步探索。

因此，本章将以新建商合杭铁路古城特大桥为例，对钢-混叠合梁在预顶升施工过程中的受力特性变化情况加以分析，并对混凝土桥面板的收缩徐变、构件制造误差等因素产生的影响展开探究。

2.1 预顶升施工过程钢-混叠合梁受力性能研究

2.1.1 研究方法

利用有限元软件 Midas Civil 建立了古城特大桥的整体计算模型,钢主梁与混凝土桥面板均使用梁单元进行模拟(图 2-2)。各构件的重力荷载计算按照相关规范确定;钢轨、扣件、轨道板、底板座等线路设备,以及防水层、保护层、栏杆、遮板、防护墙、接触网支柱、电缆槽盖板、竖墙等附属设施产生的二期恒载按照 124 kN/m 取值。钢主梁所用 Q370qE 钢材的轴向容许应力值为 210 MPa,弯曲容许应力为 220 MPa,剪切容许应力为 125 MPa;混凝土桥面板所用 C55 混凝土的轴心抗压极限强度值为 37.0 MPa,轴心抗压极限强度值为 3.30 MPa。

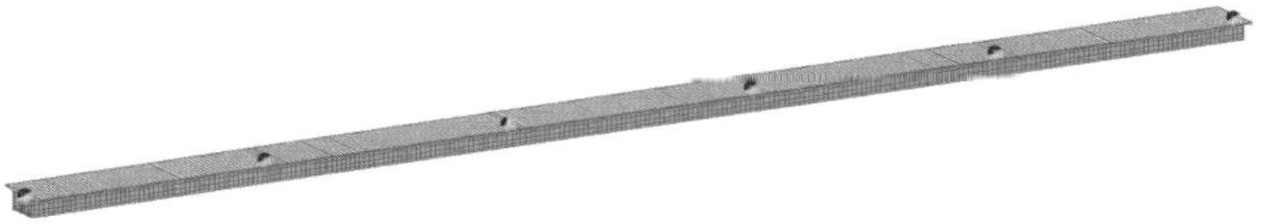

图 2-2 整体计算模型

为了便于对本书中的计算分析结果进行说明,本书采用如图 2-3 所示的坐标系。同时,本书所述的应力结果中,压应力为负,拉应力为正。

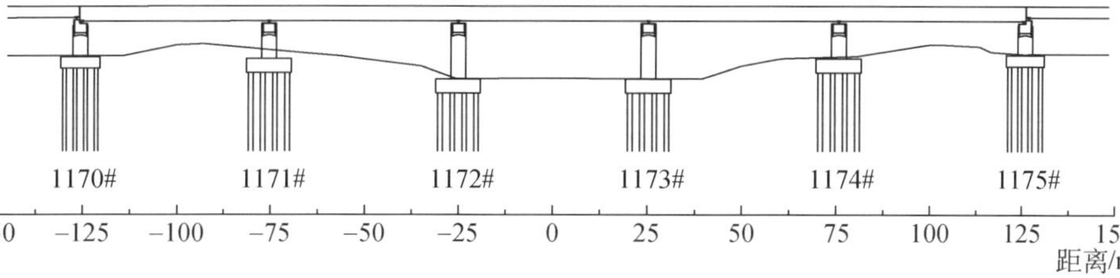

图 2-3 坐标系

2.1.2 顶升及回落过程钢梁的受力特性分析

在中墩、次中墩同时顶升至 20 cm 高处的过程中,钢梁上下缘的应力变化情况如图 2-4、图 2-5 所示。随着顶升高度的增加,次中墩附近的钢梁表现为上缘的拉应力和下缘的压应力逐渐增加,中跨附近的钢梁则表现为上缘的压应力和下缘的拉应力逐渐增加。

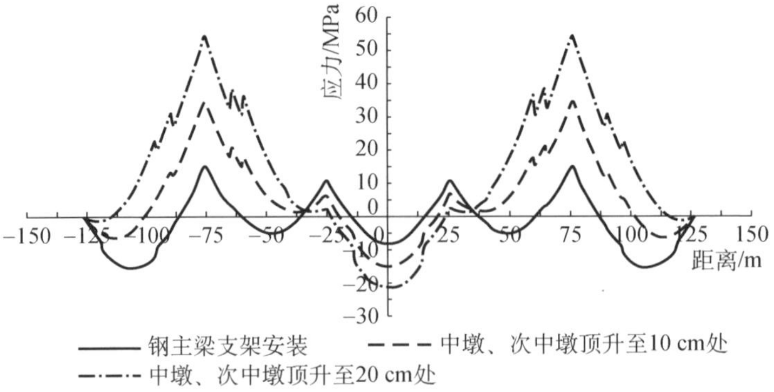

图 2-4　中墩、次中墩顶升过程中钢梁上缘应力变化情况

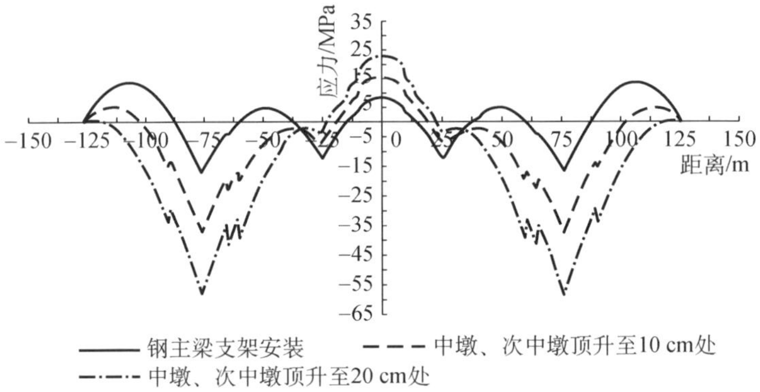

图 2-5　中墩、次中墩顶升过程中钢梁下缘应力变化情况

在次中墩顶升结束、中墩继续顶升至 70 cm 高处的过程中，钢梁上下缘的应力变化情况如图 2-6、图 2-7 所示。随着顶升高度的增加，次中墩附近的钢梁由上缘受拉、下缘受压转变为上缘受压、下缘受拉，且随着中墩顶升高度的不断增加，钢梁上缘的压应力和下缘的拉应力随之逐渐增加；中跨附近的钢梁由上缘受压、下缘受拉转变为上缘受拉、下缘受压，且随着中墩顶升高度不断增加，钢梁上缘的拉应力和下缘的压应力随之逐渐增加。

在中墩开始落梁至结束的过程中，钢梁上下缘的应力变化较大，如图 2-8、图 2-9 所示。次中墩底板压重混凝土浇筑完成后，边跨附近的钢梁处于上缘受压、下缘受拉的状态，中跨附近的钢梁则处于上缘受拉、下缘受压的状态。随着中墩落梁过程的开始，边跨附近钢梁上缘的压应力和下缘的拉应力逐渐减小，中

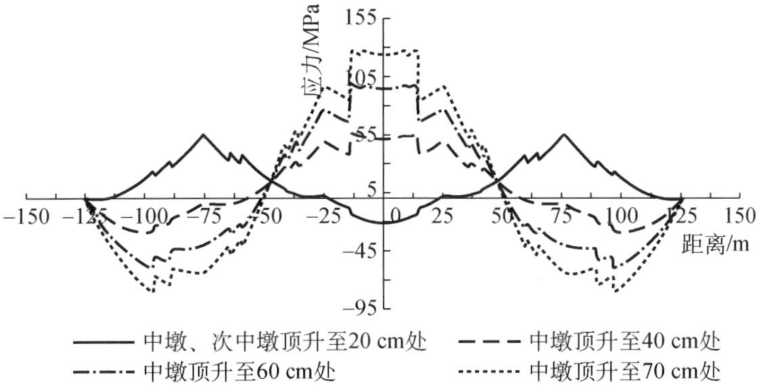

图 2-6　中墩继续顶升过程中钢梁上缘应力变化情况

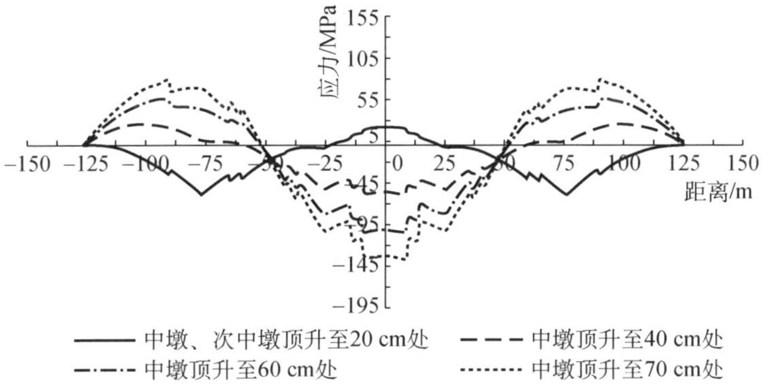

图 2-7　中墩继续顶升过程中钢梁下缘应力变化情况

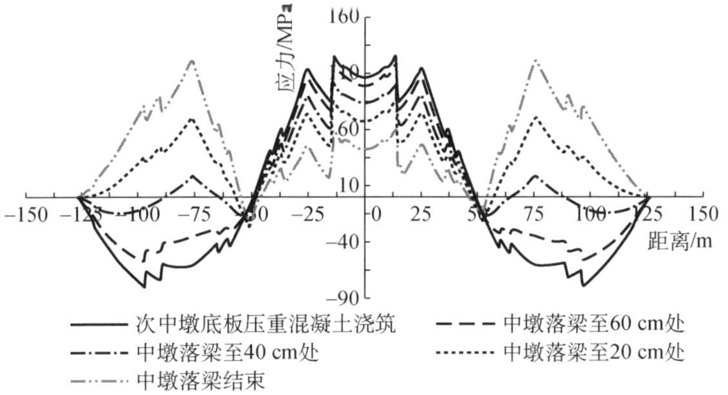

图 2-8　中墩落梁过程中钢梁上缘应力变化情况

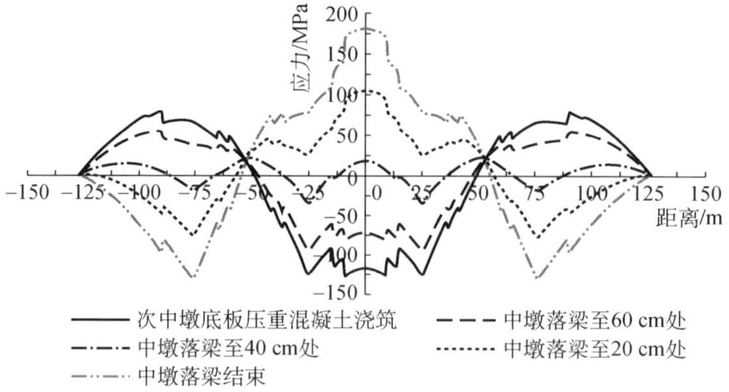

图 2-9　中墩落梁过程中钢梁下缘应力变化情况

跨附近钢梁上缘的拉应力和下缘的压应力逐渐减小。当中墩墩顶处的钢梁落梁至 40 cm 高处时，次中墩附近钢梁的上缘和中跨附近钢梁的下缘开始逐渐由受压转变为受拉，边跨附近钢梁的下缘则开始逐渐由受拉转变为受压，中跨附近钢梁的上缘拉应力有所减小，但其始终处于受拉状态。在中墩墩顶处的钢梁由40 cm 高处继续落梁至结束的过程中，边跨附近钢梁上缘的拉应力和下缘的压应力随之逐渐增加，中跨附近钢梁上缘的拉应力随之减小，下缘的拉应力则随之增大。

在次中墩开始落梁至结束的过程中，钢梁上下缘的应力变化情况如图 2-10、图 2-11 所示。中墩底板压重混凝土浇筑完成后，中跨附近钢梁整体上处于受拉状态，边跨附近钢梁则表现为上缘受拉、下缘受压。随着次中墩墩顶处钢梁的逐渐回落，次中墩处钢梁上缘的拉应力和下缘的压应力均逐渐减小，中跨附近钢梁上缘的拉应力逐渐增大，下缘的拉应力逐渐减小。直至次中墩落梁结束，大部分位置的钢梁整体上处于全截面受拉的状态，其余位置出现的压应力水平也较低，基本实现了钢-混叠合梁的设计目的。

2.1.3　支点回落对桥面板预压效应分析

在中墩开始落梁至结束的过程中，已安装的中跨附近混凝土桥面板上下缘应力变化情况如图 2-12、图 2-13 所示。次中墩底板压重混凝土浇筑后，混凝土桥面板基本上未出现拉压应力。随着中墩墩顶处钢梁的逐渐回落，混凝土桥面板全截面均开始处于受压状态，且压应力逐渐增加。当中墩墩顶处钢梁落梁结束时，混凝土桥面板上缘的最大压应力已达到 17 MPa 左右，下缘的最大压应力则达到了 13 MPa 左右。

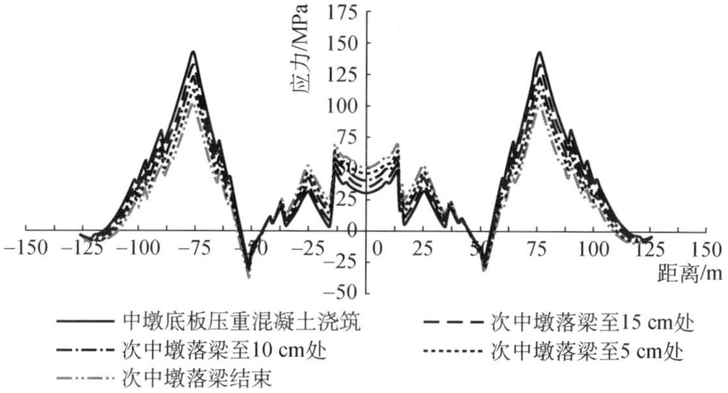

图 2-10　次中墩落梁过程中钢梁上缘应力变化情况

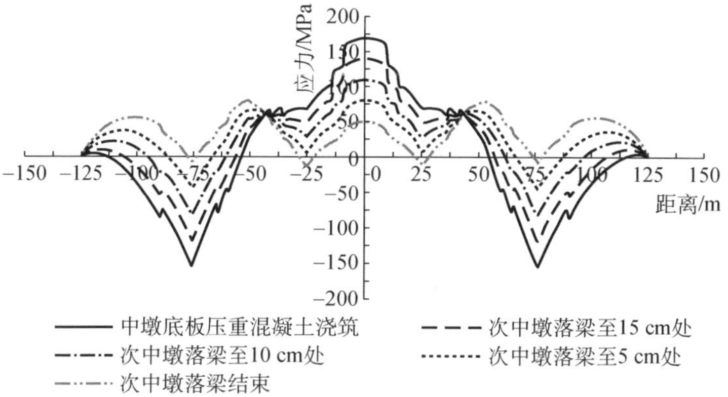

图 2-11　次中墩落梁过程中钢梁下缘应力变化情况

随着次中墩墩顶处钢梁开始回落至结束，混凝土桥面板上下缘应力的变化情况如图 2-14、图 2-15 所示。在中墩底板压重混凝土浇筑前，全桥的混凝土桥面板均已安装完成，但在中墩墩顶处钢梁落梁结束后才安装的混凝土桥面板基本未出现拉压应力。随着次中墩墩顶处钢梁逐渐回落，前期已安装的混凝土桥面板上下缘压应力逐渐减小，但后期安装的混凝土桥面板上下缘开始出现压应力，且压应力均逐渐增加。至次中墩墩顶处钢梁落梁结束时，全桥的混凝土桥面板表现为全截面处于受压状态，上下缘的最大压应力均出现在次中墩墩顶附近，分别在 11 MPa 和 9 MPa 左右。

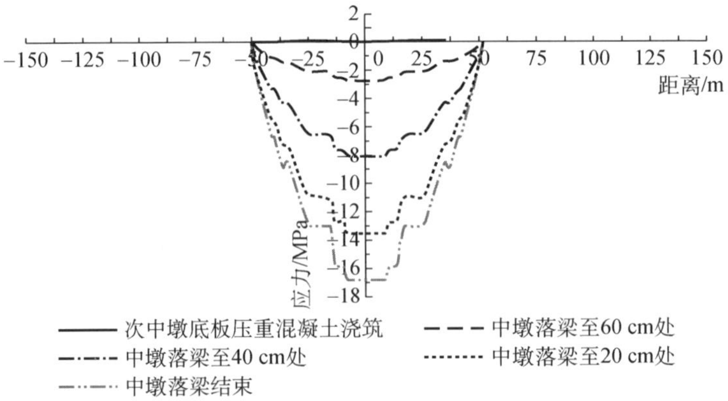

图 2-12　中墩落梁过程中混凝土桥面板上缘应力变化情况

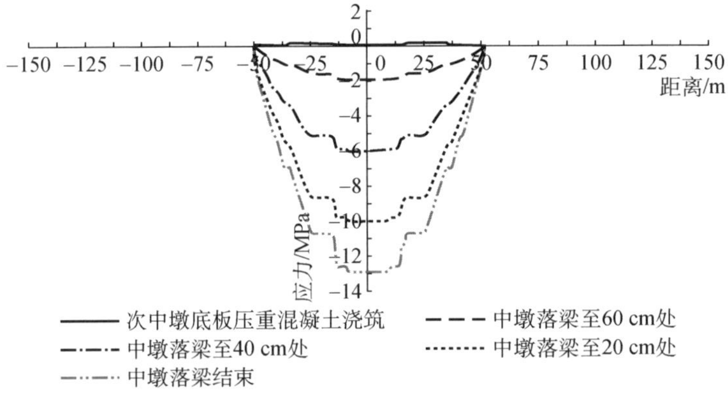

图 2-13　中墩落梁过程中混凝土桥面板下缘应力变化情况

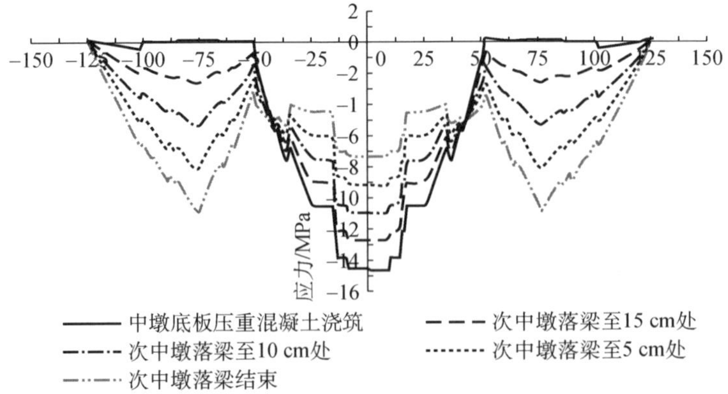

图 2-14　次中墩落梁过程中混凝土桥面板上缘应力变化情况

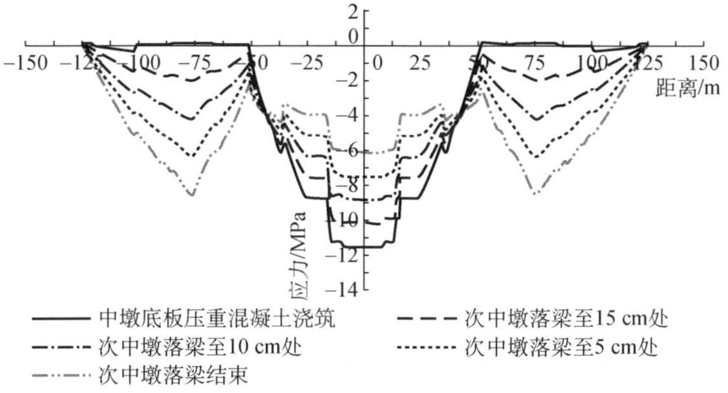

图 2-15 次中墩落梁过程中混凝土桥面板下缘应力变化情况

2.2 成桥后混凝土桥面板收缩徐变对叠合梁桥的影响性分析

混凝土的收缩是指混凝土在空气中凝结硬化时体积缩小的现象，根据机理不同可归纳为自发收缩、干燥收缩及碳化收缩等，混凝土的收缩与荷载条件无关。混凝土的徐变是指在应力保持不变的条件下，混凝土的应变会随荷载持续时间的增加而逐渐增大的现象，诸如混凝土的种类、施工方法、荷载条件、服役环境等均可能对混凝土徐变的发展产生影响。

收缩和徐变会引起结构的应力重分配。对于一般的混凝土结构来说，收缩和徐变引起的应力重分配可能会使应力集中区域的应力得到释放，改善结构内部的应力分布状态，这对于提高结构的安全性是有利的。但是，对于采用了预应力的混凝土结构来说，收缩和徐变会引起预应力钢束的预应力损失，降低结构的承载能力。

对于采用预顶升施工的钢-混叠合梁桥来说，混凝土桥面板在成桥阶段基本处于受压状态。从截面层次来说，收缩和徐变会导致混凝土桥面板的压应变增大，在其变形受到约束时，混凝土桥面板发生应力松弛，并且对下部的钢梁产生轴向的附加拉力作用，从而导致混凝土桥面板的压应力逐渐减小，而钢梁受到的拉力逐渐增大，组合截面应力就会进行重新分配。而从整个结构层次来说，一方面，不同位置的混凝土桥面板压应力的大小与钢梁的连接方式等不尽相同，将导致整个钢-混叠合连续梁桥范围内的混凝土桥面板徐变发展的速率、收缩和徐变产生的附加效应大小等不完全相同；另一方面，混凝土桥面板压应变的增大会引起整个结构挠度的增加，从而使结构受到次内力的作用。

因此，对于钢-混叠合连续梁桥来说，混凝土桥面板的收缩与徐变引起的应力重分配过程是比较复杂的。但是，其结果是较为明确的。

成桥阶段至考虑成桥十年产生的收缩和徐变后，古城特大桥混凝土桥面板和钢梁的上下缘应力变化情况如图 2-16—图 2-19 所示。可见，在成桥阶段，混凝土桥面板处于受压状态；钢梁为抵抗混凝土桥面板的变形，在其自身与后者间存在可靠连接时，会与后者产生相互作用力，使自身受到附加拉力作用。成桥后，混凝土桥面板发生了收缩和徐变，但其应变受到钢梁的约束，从而出现了应

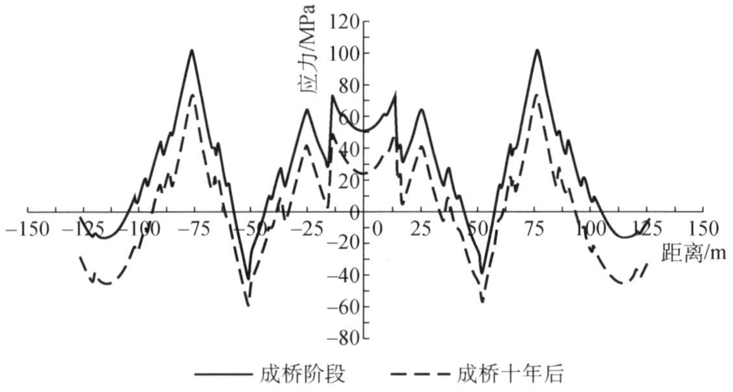

图 2-16　混凝土桥面板上缘应力变化情况

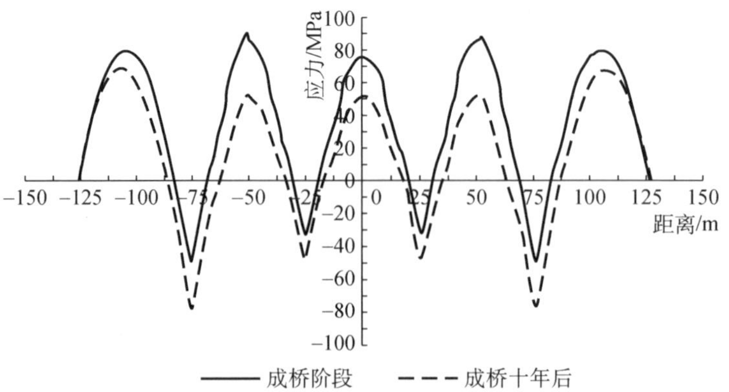

图 2-17　混凝土桥面板下缘应力变化情况

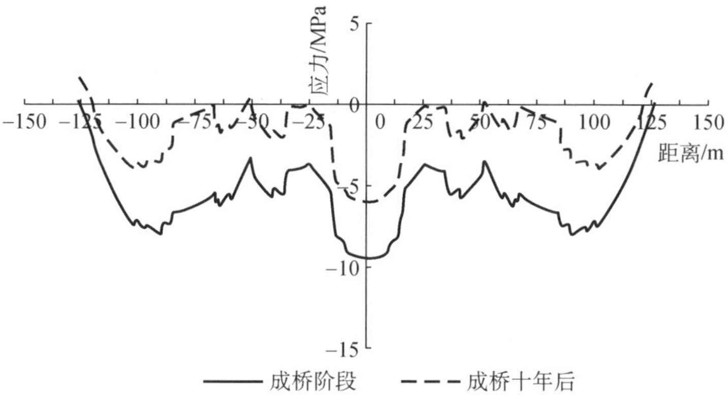

图 2-18 钢梁上缘应力变化情况

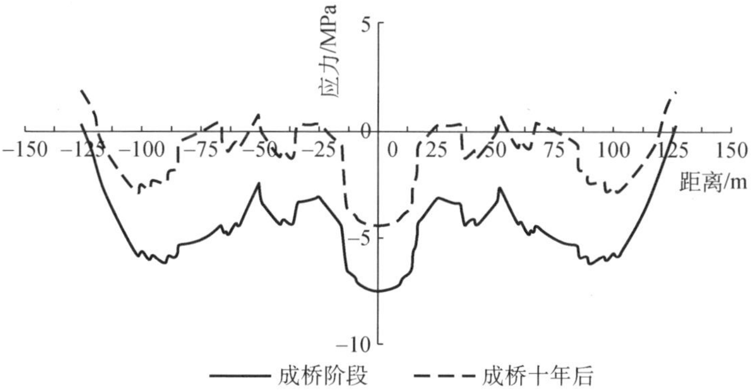

图 2-19 钢梁下缘应力变化情况

力松弛现象，并且随着应力松弛逐渐发展，至十年左右时通过预顶升方法储备的预压应力普遍减小了 3～5 MPa，混凝土桥面板与钢梁之间相互作用产生的效应也随之减弱。

因此，对于采用预顶升施工方法的钢-混叠合梁桥来说，混凝土的收缩和徐变发展至十年后，混凝土桥面板的预压应力逐渐减小，同时钢梁受压部位的压应力逐渐增大，受拉部位的拉应力逐渐减小，即表现出混凝土桥面板预压应力的转移效应。

2.3 钢-混叠合梁桥受力对制造误差的敏感性分析

在现代桥梁工程中，桥梁施工已经成为一个系统工程。从开工到竣工的整个过程中，将受到诸如设计计算、材料性能、施工精度和环境等许多确定和不确定因素的影响，从而产生各种误差。因此，在施工过程中，如何从各种受误差影响而失真的参数中找到相对真实值，对施工状态进行实时识别、监控、预测和调整，对最终实现设计目标是至关重要的。一旦在施工过程中，某项控制目标出现偏差，为及时找出偏差出现的原因并进行修正，对各项控制目标的敏感性参数及其对控制目标的影响情况进行探究是很有必要的。同时，实际施工过程中的各类参数与设计参数之间总存在一定的误差，而不同控制目标对不同参数误差情况的敏感性又不尽相同，其敏感性程度将成为我们设定误差容许范围的依据。

古城特大桥采用预顶升的方法对钢-混叠合梁桥负弯矩区的混凝土桥面板施加预压应力，是一种独具创新性的施工方法，但也对实际施工提出了新的挑战。在施工过程中，构件的制造作为一个重要环节，其误差对施工过程及最终的成桥目标有至关重要的影响。因此，对于基于预顶升施工方法的高速铁路钢-混叠合连续梁这种结构来说，制造误差的敏感性分析是很有必要的。本节以古城特大桥为例，以钢板厚度、混凝土板厚度和混凝土强度等为主要参数，探讨了其参数变化产生的影响，为施工过程中关键控制参数的识别和最优施工控制方案的确定提供了理论依据。

本节具体探讨的制造参数与参数变化范围如表 2-1 所示。其中，不同强度等级混凝土的极限强度如表 2-2 所示。

表 2-1　主要制造参数及其变化

主要制造参数	基本状态	变化 1	变化 2	变化 3	变化 4
钢板厚度	设计值	−2 mm	−1 mm	+1 mm	+2 mm
混凝土板厚度	设计值	−10 mm	−5 mm	+5 mm	+10 mm
混凝土强度	设计值	C40	C45	C50	C60

表 2-2　不同强度等级混凝土的极限强度　　单位：MPa

强度种类	符号	混凝土极限强度				
		C40	C45	C50	C55	C60
轴心抗压	f_c	27.00	30.00	33.50	37.00	40.00
轴心抗拉	f_{ct}	2.700	2.90	3.10	3.30	3.50

2.3.1 钢板厚度敏感性分析

1. 顶升结束的影响

钢板厚度对顶升结束阶段钢梁上下缘应力产生的影响主要表现在边跨和中跨的跨中附近。如表 2-3 所示为钢板厚度对顶升结束后跨中处钢梁应力的影响。可以发现,在应力水平最高的中跨跨中附近,随着钢板厚度的增加,钢梁上下缘的应力均随之减小,且钢板厚度增加带来的影响较钢板厚度减少的影响更加明显。

同时,随着钢板厚度的增加,各墩墩顶的反力基本都随之增加;钢板厚度的减少与增加对各墩墩顶反力的影响程度基本接近。当钢板厚度较设计值增加 2 mm 时,次中墩墩顶的负反力增加了 30 kN 左右,增幅约为 1.68%。因此,增加钢板厚度对顶升过程中的施工风险控制是不利的,如图 2-20 所示。

表 2-3 钢板厚度对跨中处(距离为 0 处)应力的影响(顶升结束)

单位:MPa

项目	钢梁上缘应力	钢梁下缘应力
设计值−2 mm	127.00	−134.00
设计值−1 mm	125.00	−133.00
设计值	124.00	−133.00
设计值+1 mm	121.00	−131.00
设计值+2 mm	119.00	−130.00

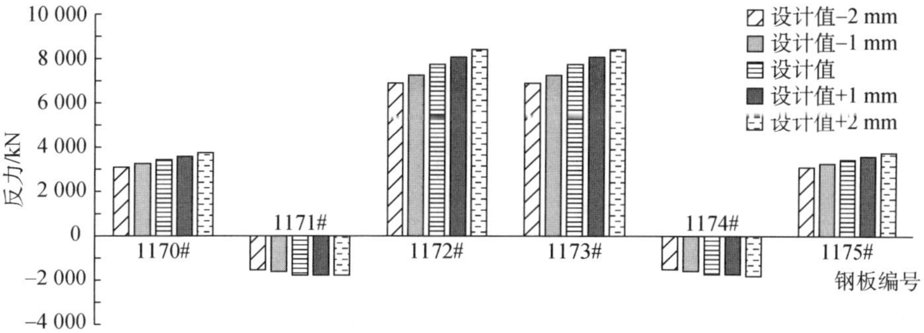

图 2-20 钢板厚度对反力的影响(顶升结束)

2. 中墩落梁结束的影响

钢板厚度对中墩落梁结束阶段钢梁和混凝土桥面板应力产生的影响主要表现在中跨的跨中附近。如表 2-4 所示,钢板厚度对中墩落梁结束后跨中处钢梁与桥面板应力的影响。可以发现，在中跨跨中附近，随着钢板厚度的增加，钢梁上下缘的应力均随之减小，混凝土桥面板上下缘的应力均随之增加。此时，钢板厚度变化对钢梁应力的影响较顶升结束阶段更显著。

同时，随着钢板厚度的增加，次中墩墩顶的反力随之显著增加，但其他各墩的反力则变化不大，如图 2-21 所示。

表 2-4　钢板厚度对跨中处(距离为 0 处)应力的影响(中墩落梁结束)

单位：MPa

项目	钢梁上缘应力	钢梁下缘应力	桥面板上缘应力	桥面板下缘应力
设计值－2 mm	49.40	192.00	－16.10	－12.10
设计值－1 mm	45.50	186.00	－16.40	－12.50
设计值	42.50	182.00	－16.90	－12.90
设计值＋1 mm	38.80	177.00	－17.00	－13.10
设计值＋2 mm	35.80	172.00	－17.20	－13.40

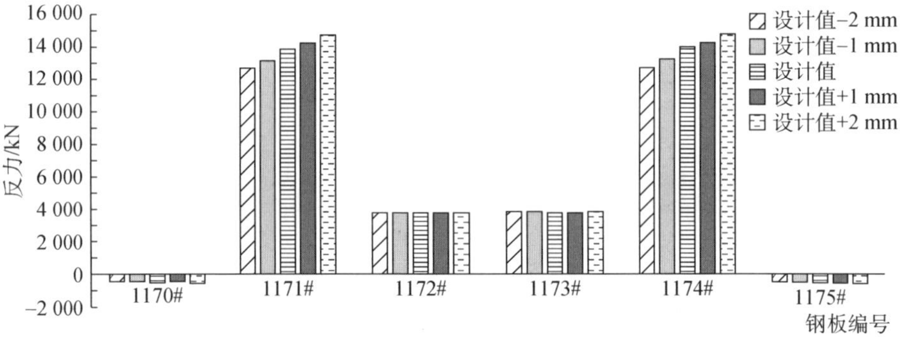

图 2-21　钢板厚度对反力的影响(中墩落梁结束，单位：kN)

3. 次中墩落梁结束的影响

次中墩落梁结束后，随着桥面板的施工结束，钢板厚度基本上对全桥的钢梁和混凝土桥面板的应力都产生了一定影响。表 2-5 为钢板厚度对次中墩落梁结束后跨中钢梁与桥面板应力的影响。可以发现，钢板厚度变化的影响具体表现为：随着钢板厚度的增加，钢梁上下缘的应力均随之减小，混凝土桥面板上下缘的应力均随之增加。

同时，随着钢板厚度的增加，各墩墩顶的反力都随之增加，中墩、次中墩反力的增幅略大于边墩反力的增幅，如图 2-22 所示。

表 2-5 钢板厚度对跨中处(距离为 0 处)应力的影响(次中墩落梁结束)

单位:MPa

项目	钢梁上缘应力	钢梁下缘应力	桥面板上缘应力	桥面板下缘应力
设计值−2 mm	56.10	55.50	−7.09	−5.84
设计值−1 mm	53.20	52.80	−7.20	−5.95
设计值	51.30	50.40	−7.370	−6.12
设计值+1 mm	48.20	48.40	−7.390	−6.15
设计值+2 mm	46.00	46.50	−7.480	−6.23

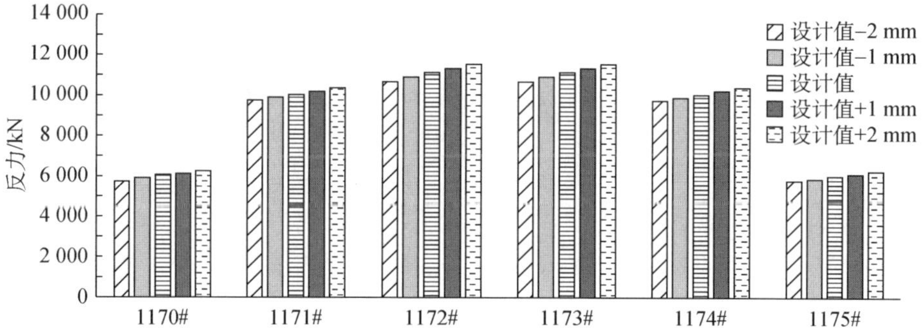

图 2-22 钢板厚度对反力的影响(次中墩落梁结束,单位:kN)

4. 成桥阶段的影响

成桥阶段,钢板厚度变化对钢梁和混凝土桥面板应力的影响与趋势基本和次中墩落梁结束后相同。表 2-6 为钢板厚度对成桥阶段跨中钢梁与桥面板应力的影响。可以发现,随着钢板厚度的增加,钢梁上下缘的应力均随之减小,混凝土桥面板上下缘的应力均随之增加。

表 2-6 钢板厚度对跨中处(距离为 0 处)应力的影响(成桥阶段)

单位:MPa

项目	钢梁上缘应力	钢梁下缘应力	桥面板上缘应力	桥面板下缘应力
设计值−2 mm	55.70	83.40	9.17	7.14
设计值−1 mm	52.80	79.60	9.29	7.28
设计值	50.90	75.90	9.47	7.48
设计值+1 mm	47.80	73.00	9.50	7.53
设计值+2 mm	45.60	70.20	9.60	7.65

同时,随着钢板厚度的增加,各墩墩顶的反力都随之增加,中墩、次中墩反力的增幅略大于边墩反力的增幅,如图 2-23 所示。

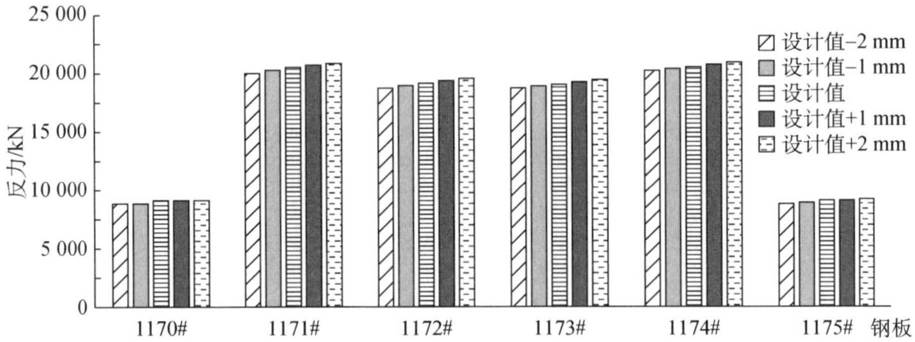

图 2-23　钢板厚度对反力的影响(成桥阶段,单位:kN)

5. 收缩徐变后的影响

考虑十年的收缩、徐变后,钢板厚度变化对钢梁应力的影响与趋势基本和成桥相同,即随着钢板厚度的增加,钢梁上下缘的应力均随之减小。然而,表 2-7 则表明,其对混凝土桥面板应力的影响已基本消失。

表 2-7　钢板厚度对跨中处(距离为 0 处)应力的影响(收缩徐变后)

单位:MPa

项目	钢梁上缘应力	钢梁下缘应力
设计值−2 mm	27.80	58.60
设计值−1 mm	25.60	55.60
设计值	24.40	52.70
设计值+1 mm	21.90	50.70
设计值+2 mm	20.30	48.60

2.3.2　桥面板厚度敏感性分析

1. 中墩落梁结束的影响

通过表 2-8 可以发现,随着桥面板厚度的增加,钢梁上下缘的应力均随之增加,混凝土桥面板上下缘的应力均随之减小。然而,由于只有中墩附近的桥面板完成了施工，桥面板厚度对中墩落梁结束阶段钢梁和混凝土桥面板的应力基本只在中墩附近产生了影响，且影响并不明显。

同时，随着混凝土桥面板厚度的增加，各墩墩顶的反力也随之增加，但增幅不明显。其中，当桥面板厚度较设计值增加 10 mm 时，边墩的负反力较设计值增加了 8.4 kN(约 1.62%)，如图 2-24 所示。

表 2-8　桥面板厚度对跨中处(距离为 0 处)应力的影响(中墩落梁结束)

单位：MPa

项目	钢梁上缘应力	钢梁下缘应力	桥面板上缘应力	桥面板下缘应力
设计值−10 mm	41.30	180.00	−17.00	−13.20
设计值−5 mm	41.90	181.00	−16.90	−13.10
设计值	42.50	182.00	−16.9	−12.90
设计值+5 mm	43.20	183.00	−16.80	−12.80
设计值+10 mm	43.80	184.00	−16.80	−12.70

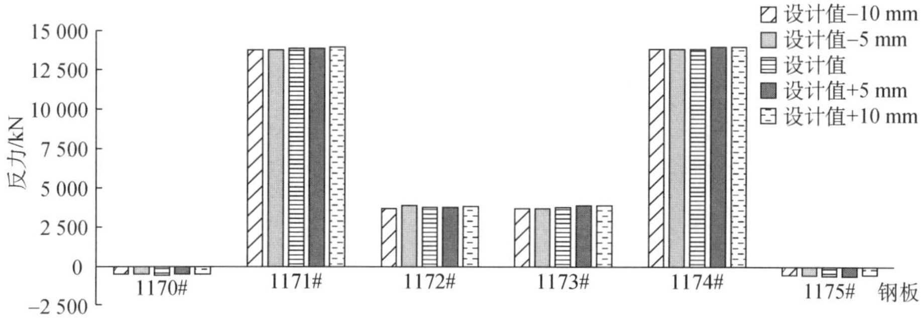

图 2-24　桥面板厚度对反力的影响(中墩落梁结束，单位：kN)

2. *次中墩落梁结束的影响*

次中墩落梁结束后，混凝土桥面板厚度变化对钢梁和混凝土桥面板应力的影响与趋势基本和中墩落梁结束后相同。通过表 2-9 可以发现，随着桥面板厚度的增加，钢梁上下缘的应力均随之增加，混凝土桥面板上下缘的应力均随之减小。然而，随着桥面板施工的完成，桥面板厚度对次中墩落梁结束阶段钢梁和混凝土桥面板的应力产生的影响在全桥范围都变得并不明显。

同时，随着混凝土桥面板厚度的增加，各墩墩顶的反力也随之增加，但增幅并不明显。其中，中墩、次中墩反力的增幅略大于边墩反力的增幅，如图 2-25 所示。

表 2-9　桥面板厚度对跨中处(距离为 0 处)应力的影响(次中墩落梁结束)

单位：MPa

项目	钢梁上缘应力	钢梁下缘应力	桥面板上缘应力	桥面板下缘应力
设计值－10 mm	50.60	49.40	－7.42	－6.21
设计值－5 mm	50.90	49.90	－7.39	－6.16
设计值	51.30	50.40	－7.37	－6.12
设计值＋5 mm	51.60	50.90	－7.35	－6.07
设计值＋10 mm	51.90	51.30	－7.33	－6.03

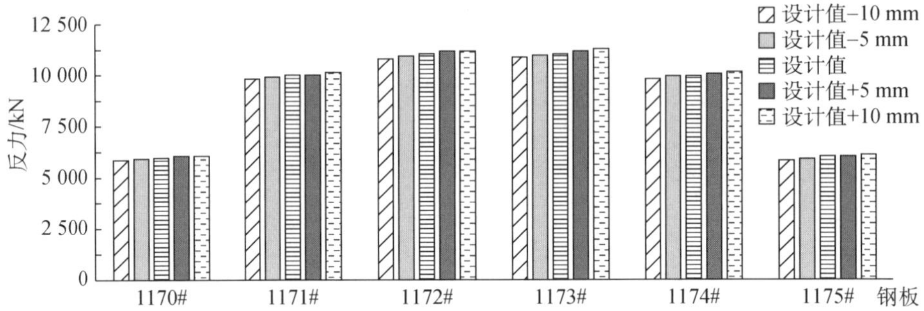

图 2-25　桥面板厚度对反力的影响(次中墩落梁结束，单位：kN)

3. 成桥阶段的影响

成桥阶段，混凝土桥面板厚度变化对钢梁和混凝土桥面板应力的影响与趋势基本和次中墩落梁结束后相同。通过表 2-10 可以发现，随着桥面板厚度的增加，钢梁上下缘的应力均随之增加，混凝土桥面板上下缘的应力均随之减小。然而，桥面板厚度对次中墩落梁结束阶段钢梁和混凝土桥面板的应力产生的影响在全桥范围内并不明显。

表 2-10　桥面板厚度对跨中处(距离为 0 处)应力的影响(成桥阶段)

单位：MPa

项目	钢梁上缘应力	钢梁下缘应力	桥面板上缘应力	桥面板下缘应力
设计值－10 mm	50.20	74.90	－9.54	－7.62
设计值－5 mm	50.60	75.40	－9.50	－7.55
设计值	50.90	75.90	－9.47	－7.48
设计值＋5 mm	51.30	76.30	－9.43	－7.41
设计值＋10 mm	51.70	76.80	－9.40	－7.34

同时，随着混凝土桥面板厚度的增加，各墩墩顶的反力也随之增加，但增幅并不明显。其中，中墩、次中墩反力的增幅略大于边墩反力的增幅，如图 2-26 所示。

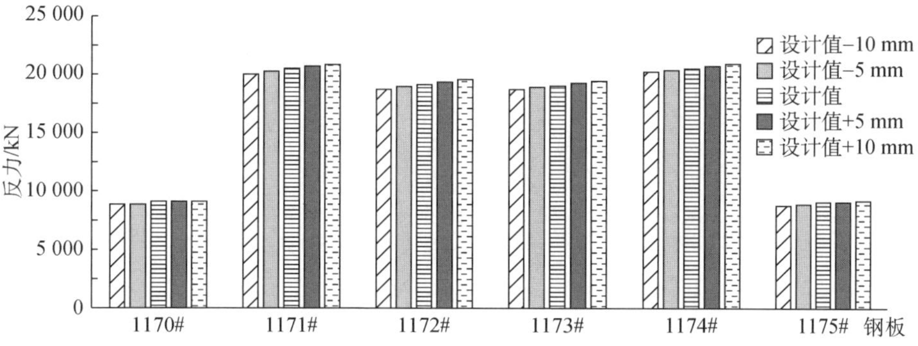

图 2-26　桥面板厚度对反力的影响(成桥阶段，单位:kN)

4. 收缩徐变后的影响

考虑十年的收缩、徐变后，混凝土桥面板厚度变化对钢梁和混凝土桥面板应力的影响与趋势基本和成桥阶段相同。通过表 2-11 可以发现，随着桥面板厚度的增加，钢梁上下缘的应力均随之增加，混凝土桥面板上下缘的应力均随之减小。然而，桥面板厚度对次中墩落梁结束阶段钢梁和混凝土桥面板的应力产生的影响在全桥范围内并不明显。

表 2-11　桥面板厚度对跨中处(距离为 0 处)应力的影响(收缩徐变后)

单位:MPa

项目	钢梁上缘应力	钢梁下缘应力	桥面板上缘应力	桥面板下缘应力
设计值－2 mm	23.80	52.10	5.98	4.53
设计值－1 mm	24.10	52.40	5.96	4.49
设计值	24.40	52.70	5.95	4.45
设计值＋1 mm	24.70	53.00	5.94	4.41
设计值＋2 mm	25.00	53.30	5.92	4.38

2.3.3 混凝土强度敏感性分析

1. 中墩落梁结束的影响

由于此阶段只完成了中跨附近桥面板的施工，混凝土强度对中墩落梁结束阶段钢梁和混凝土桥面板应力产生的影响主要表现在中跨的跨中附近。通过表 2-12可以发现，在中跨跨中附近，随着混凝土强度的增加，钢梁上下缘的应力均随之增加，混凝土桥面板上下缘的应力也均随之增加。

同时，随着混凝土强度的增加，次中墩的反力随之增加，边墩、中墩的反力则随之减少，但总反力基本保持不变，如图 2-27 所示。

表 2-12　混凝土强度对跨中处(距离为 0 处)应力的影响(中墩落梁结束)

单位：MPa

项目	钢梁上缘应力	钢梁下缘应力	桥面板上缘应力	桥面板下缘应力
C40	36.00	176.00	−15.70	−12.30
C45	38.50	178.00	−16.10	−12.50
C50	40.60	180.00	−16.50	−12.70
C55(设计值)	42.50	182.00	−16.90	−12.90
C60	44.30	184.00	−17.20	−13.10

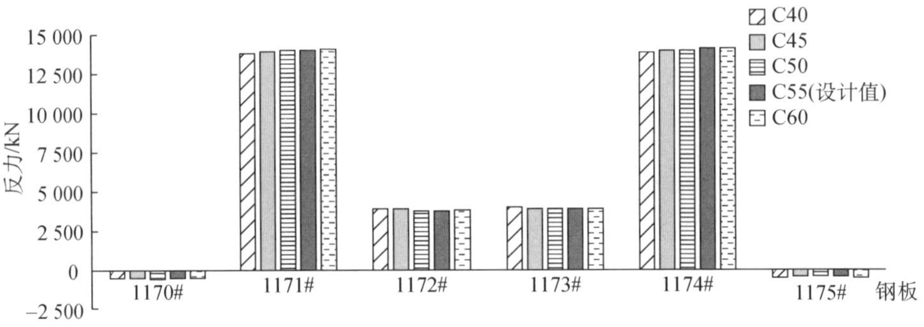

图 2-27　混凝土强度对反力的影响(中墩落梁结束，单位：kN)

2. 次中墩落梁结束的影响

次中墩落梁结束后，桥面板的施工基本已经完成，混凝土强度对钢梁和混凝土桥面板应力产生的影响开始在全桥范围内表现出来。通过表 2-13 可以发现，混凝土强度产生的影响具体表现为，随着混凝土强度的增加，钢梁上下缘的应力均随之增加，混凝土桥面板上下缘的应力也均随之增加。

同时，在顶升和落梁施工结束后，随着混凝土强度的增加，各墩墩顶的反力和总反力基本一致，未发生变化，如图 2-28 所示。

表 2-13 混凝土强度对跨中处(距离为 0 处)应力的影响(次中墩落梁结束)

单位:MPa

项目	钢梁上缘应力	钢梁下缘应力	桥面板上缘应力	桥面板下缘应力
C40	45.60	46.10	−6.57	−5.54
C45	47.70	47.70	−6.87	−5.76
C50	49.60	49.10	−7.13	−5.95
C55(设计值)	51.30	50.40	−7.37	−6.12
C60	52.80	51.60	−7.59	−6.27

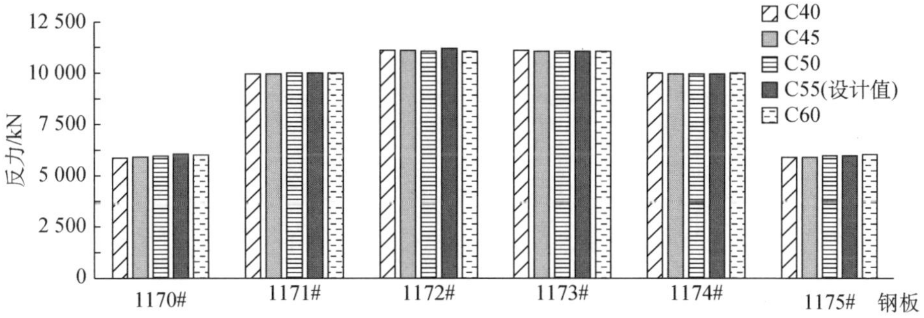

图 2-28 混凝土强度对反力的影响(次中墩落梁结束,单位:kN)

3. 成桥阶段的影响

成桥阶段,混凝土强度变化对钢梁和混凝土桥面板应力的影响与趋势基本和次中墩落梁结束后相同。通过表 2-14 可以发现,混凝土强度产生的影响具体表现为,随着混凝土强度的增加,钢梁上下缘的应力均随之增加,混凝土桥面板上下缘的应力也均随之增加。

表 2-14 混凝土强度对跨中处(距离为 0 处)应力的影响(次中墩落梁结束)

单位:MPa

项目	钢梁上缘应力	钢梁下缘应力	桥面板上缘应力	桥面板下缘应力
C40	45.20	72.30	−8.67	−6.95
C45	47.40	73.60	−8.97	−7.14
C50	49.30	74.80	−9.23	−7.32
C55(设计值)	50.90	75.90	−9.47	−7.48
C60	52.50	76.90	−9.69	−7.62

4. 收缩徐变后的影响

当采用不同强度等级的混凝土时，其收缩徐变过程中的强度也是不同的。因此，考虑十年收缩徐变后，混凝土强度变化对钢梁和混凝土桥面板应力的影响并未消除，其趋势基本与成桥阶段相同。通过表 2-15 可以发现，混凝土强度产生的影响具体表现为，随着混凝土强度的增加，钢梁上下缘的应力均随之增加，混凝土桥面板上下缘的应力也均随之增加。

表 2-15　混凝土强度对跨中处(距离为 0 处)应力的影响(次中墩落梁结束)

单位：MPa

项目	钢梁上缘应力	钢梁下缘应力	桥面板上缘应力	桥面板下缘应力
C40	16.60	48.20	−5.00	−3.72
C45	19.40	49.70	−5.33	−3.97
C50	22.00	51.20	−5.65	−4.22
C55(设计值)	24.20	52.70	−5.95	−4.45
C60	26.70	54.30	−6.24	−4.69

2.4　本章小结

本章以古城特大桥为例，对基于预顶升施工的钢-混叠合梁桥的受力特性进行了研究与分析，得到的主要结论如下：

(1) 预顶升施工结束后，钢梁基本处于受拉状态，混凝土桥面板基本处于受压状态，表明通过预顶升为钢-混叠合梁的桥面板负弯矩区施加预应力的方法是可行且有效的。

(2) 对于钢-混叠合连续梁桥来说，混凝土桥面板的收缩和徐变引起的应力重分配过程是比较复杂的；但混凝土的收缩和徐变发展至十年后，混凝土桥面板的预压应力逐渐减小，同时钢梁受压部位的压应力逐渐增大、受拉部位的拉应力逐渐减小，即表现出混凝土桥面板预压应力的转移效应。

对于采用预顶升施工方法的钢-混叠合梁桥来说，混凝土的收缩和徐变发展至十年后，混凝土桥面板的预压应力逐渐减小，同时，钢梁受压部位的压应力逐渐增大，受拉部位的拉应力逐渐减小，即表现出混凝土桥面板预压应力的转移效应。

（3）钢板厚度变化对预顶升钢-混叠合梁受力性能影响的具体表现为：在施工阶段和成桥阶段，随着钢板厚度的增加，钢梁上下缘的应力均随之减小，混凝土桥面板上下缘的应力均随之增加，各墩墩顶的反力基本也随之增加。但在考虑十年收缩徐变后，随着钢板厚度的增加，钢梁上下缘的应力均随之减小，混凝土桥面板的应力受到的影响已基本消除。

（4）桥面板厚度变化对预顶升钢-混叠合梁受力性能影响的具体表现为：在施工阶段、成桥阶段和考虑十年收缩徐变后，随着桥面板厚度的增加，钢梁上下缘的应力均随之增加，混凝土桥面板上下缘的应力均随之减小，各墩墩顶的反力基本也随之增加。然而，桥面板厚度变化对结构整体受力性能的影响并不明显。

（5）混凝土强度变化对预顶升钢-混叠合梁受力性能的影响具体表现为：在施工阶段、成桥阶段和考虑十年收缩徐变后，随着混凝土强度的增加，钢梁上下缘的应力均随之增加，混凝土桥面板上下缘的应力均随之增加。同时，在顶升与落梁施工结束前，各墩墩顶的反力分布情况有所不同，但总反力的大小是基本不变的；在顶升与落梁施工结束后，各墩墩顶的反力分布情况和总反力的大小不随混凝土强度的变化而变化。

3 钢-混叠合梁桥预顶升施工关键技术

钢-混叠合梁桥兼具混凝土结构桥梁和钢结构桥梁的优点，能够充分利用混凝土材料的抗压性能与钢材的抗拉性能。然而，与此同时，在连续梁形式的叠合梁结构负弯矩区，位于截面上部的混凝土桥面板处于受拉状态，往往会因受到过大的拉应力而开裂，影响结构的使用性能和耐久性能。

在混凝土桥面板施工前，预顶升钢梁为桥面板施加预压应力是目前解决这一问题的常见方法，尤其是近年来，随着液压同步顶升控制技术逐渐成熟，钢-混叠合梁的预顶升施工在公路与铁路的桥梁工程建设中都已进行了工程实践，并取得了一定的成果。但是，当前，钢-混叠合梁的预顶升施工主要采用依次顶升和回落的工序，且顶升量较小，仍需对更复杂的顶升工艺和更大的顶升量程进行进一步探索。

古城特大桥钢-混叠合连续梁在建造过程中采用了预顶升施工的方法，通过钢梁的顶升、回落与混凝土桥面板施工的交替穿插进行，为墩顶负弯矩区的混凝土桥面板施加预应力，其次中墩和中墩的顶升量分别达到了 20 cm 和 70 cm。因此，本章将针对基于预顶升施工的钢-混叠合梁桥的特点，系统总结钢-混叠合梁桥的构件加工工艺，提出最优顶升量的控制取值方法，建立最优的钢-混叠合梁加工、安装、顶升施工与质量控制体系。

3.1 钢主梁的加工

古城特大桥的钢箱梁采用厂内制造，其总体工艺流程如图 3-1 所示。

3.1.1 钢板的预处理、放样与下料

钢主梁设计上主要使用的材质为 Q370qE 钢，钢梁制造必须使用符合设计要求与《桥梁用结构钢》(GB/T 714—2015)等国家现行有关标准规定的钢材，钢材的力学性能必须有材料质量证明且必须进行复验。复验时，钢材应按同一生

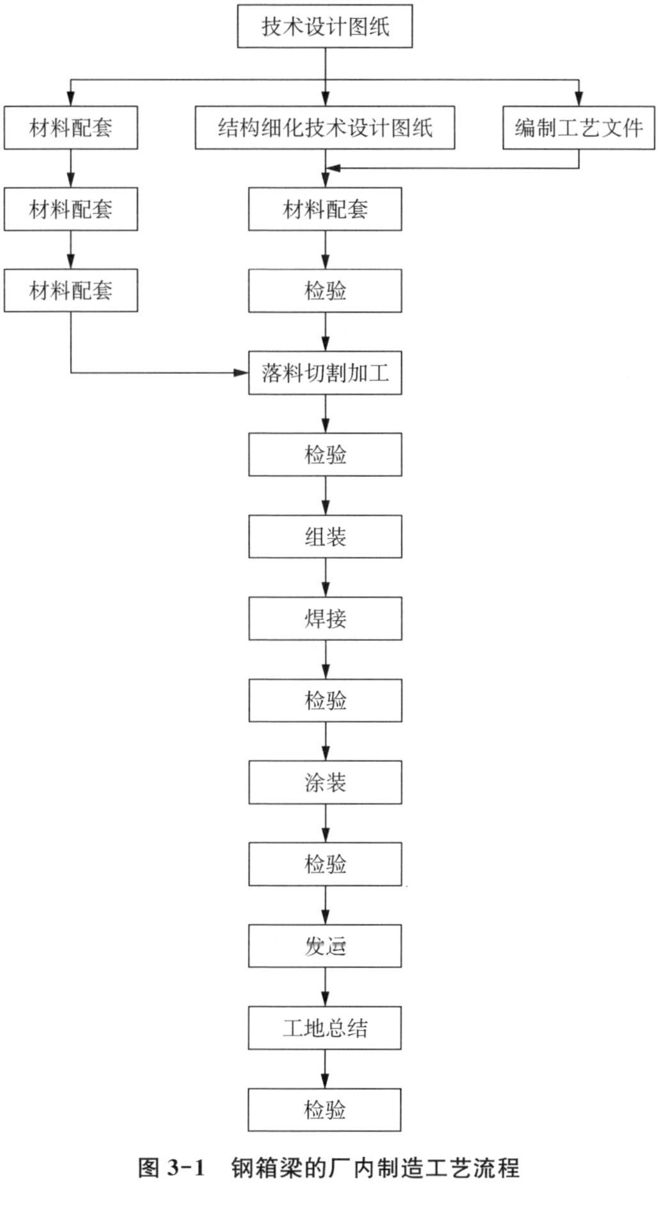

图 3-1 钢箱梁的厂内制造工艺流程

产厂家、同一炉批、材质、板厚等进行分类，每 10 个炉号抽验一组试件，抽验项目主要包括拉伸性能、冲击性能、Z 向性能（若有）及化学性能（碳、硫、磷含量）等。焊接与涂装材料也必须按有关规定进行抽样复验，复验合格后方可使用。

表 3-1 《桥梁用结构钢》(GB/T 714—2015)中 Q370qE 的力学性能要求

牌号	质量等级	拉伸试验[a, b]				冲击试验[c]	
		下屈服强度 R_{eL}/MPa		抗拉强度 R_m/MPa	断后伸长率 A	温度/(℃)	冲击吸收能量 KV_2/J
		厚度 ≤50 mm	50 mm< 厚度 ≤100 mm				
		不小于					不小于
Q370q	E	370	360	510	20%	0	120
						−20	
						−40	

a 当屈服不明显时,可测量 $R_{p0.2}$代替下屈服强度;
b 拉伸实验取横向试样;
c 冲击试验取纵向试样。

钢板的预处理主要包括钢板矫平、表面缺陷修补与喷涂底漆等。钢板矫平后,表面平整度偏差每米在 1 mm 范围之内,无褶皱、翘曲等影响质量的现象。对于钢板的表面缺陷,根据《铁路钢桥制造规范》(Q/CR 9211—2015)的有关规定进行修补和处理。最后将钢板喷砂至 Sa3.0 级,并喷涂一道底漆。

采用计算机辅助设计(CAD)软件对钢箱梁的各构件进行精确放样,部分复杂的构造结合立体图进行放样,绘制各结构零件详图,作为绘制下料套图及数控编程的依据。放样时,根据建造需求预留构件制作、安装时所需的焊接收缩补偿量、加工余量与线形调整量。具体的放样流程如图 3-2 所示。

钢板下料时,不得有裂纹、破损等缺陷。板件平直,磨去边缘的飞刺、挂渣,使断面光滑匀顺。坡口均采用半自动切割,严禁手工切割,坡口尺寸及允许偏差由焊接工艺规程确定。

古城特大桥原则上对钢板进行数控切割,较为规则的薄板次要零件采用剪切下料,较薄的主要零件则采用等离子切割。精密切割的零件,在火焰切割起始侧设置倒角,倒角半径为 0.5~2.0 mm。切割面的硬度不超过 HV350,超过时则进行刨边处理。切割面质量的技术要求如表 3-2 所示。

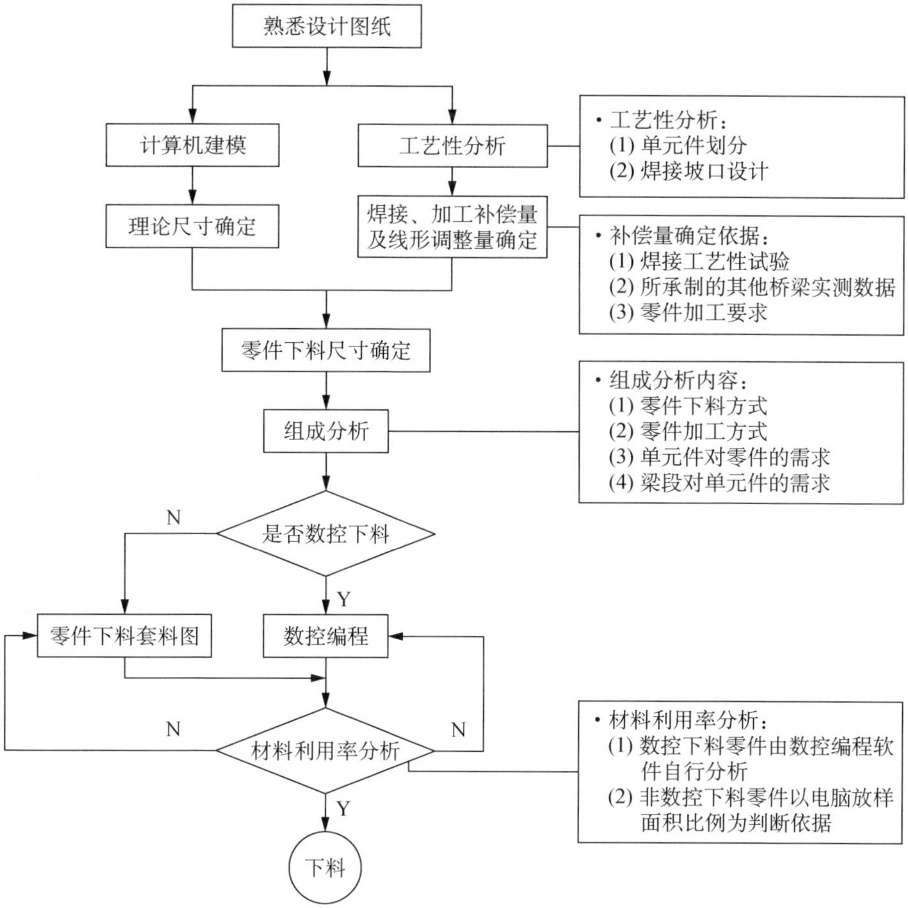

图 3-2 放样流程

表 3-2 切割面质量的技术要求

序号	项目	零件类别	
		主要零件	次要零件
1	表面粗糙度	25 μm	50 μm
2	崩坑	不允许	1 000 mm 长度内允许有一处 1 mm
3	倒角	圆角半径不大于 1 mm	
4	切割面垂直度	≤0.05t(t 为板厚)，且不大于 2 mm	

零件矫正宜采用冷矫，矫正后零件表面不得出现明显的凹痕或损伤。若采用热矫，温度应控制在 600～800 ℃，且温度降至室温前不得锤击钢材。主要零件冷作弯曲时环境温度不低于−5 ℃；内侧弯曲半径不小于板厚的 15 倍，若小于则必须热煨，热煨温度控制在 900～1 000 ℃；弯曲后零件不得产生裂纹。零件矫正的允许偏差如表 3-3 所示。

表 3-3　零件矫正的允许偏差　　单位：mm

序号	名称	项　目	图　　例	说明		允许偏差
1	钢板	平面度	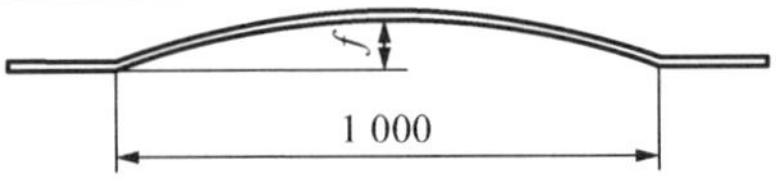	每米范围		$f \leqslant 1.0$
2		直线度	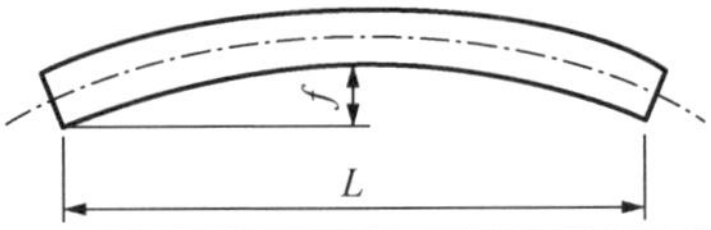	全长范围	$L \leqslant 8$ m	$f \leqslant 2.0$
					$L > 8$ m	$f \leqslant 3.0$
3	型钢	直线度	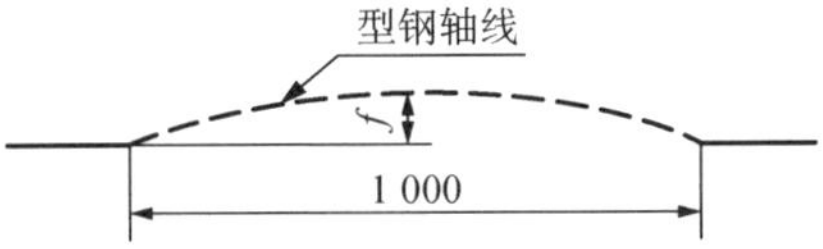	每米范围		$f \leqslant 0.5$
4		角钢肢垂直度	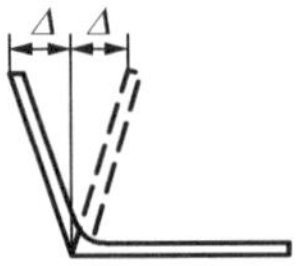	连接部位		$\Delta \leqslant 0.5$（用角式样板卡样时，角度不得大于 90°）
				其余		$\Delta \leqslant 1.0$
5		角钢肢、槽钢肢平面度	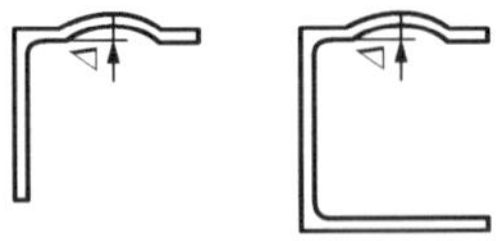	连接部位		$\Delta \leqslant 0.5$
				其余部位		$\Delta \leqslant 1.0$
6		工字钢、槽钢、H 型钢腹板平面度	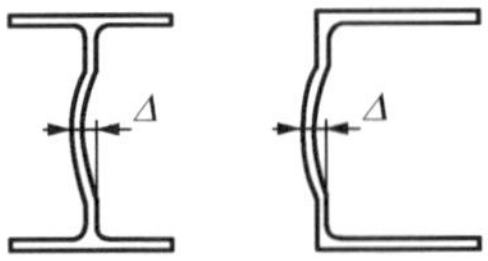	连接部位		$\Delta \leqslant 0.5$
				其余部位		$\Delta \leqslant 1.0$
7		工字钢、槽钢、H 型钢翼缘垂直度	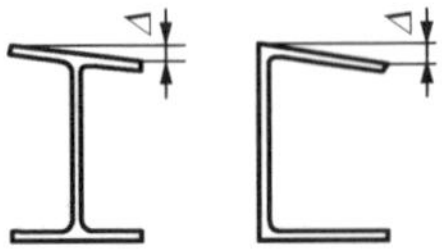	连接部位		$\Delta \leqslant 0.5$
				其余部位		$\Delta \leqslant 1.0$

钢箱梁主要板件的对接均严格按照焊接工艺执行。其中，不等厚钢板对接时，采用如图 3-3 所示的对接过渡坡口。

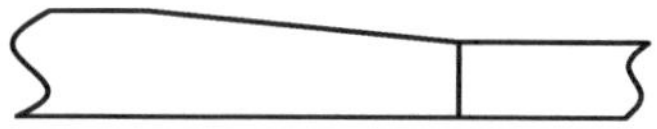

图 3-3　不等厚对接过渡坡口示意图

3.1.2　板件单元的制造

古城特大桥钢箱梁板件单元的制造主要包括 U 形肋的制造、底板单元的制造、顶板单元的制造及隔板单元的制造。

1. U 形肋的制造

古城特大桥钢箱梁的 U 形肋板直接从专业厂家定购，或采用切割机精切下料，用铣边机加工两长边后在折弯设备上折弯成型，使其满足相关技术标准要求。U 形肋单元采用双定尺材料，确保单节梁段 U 形肋的使用长度。U 形肋加工制造前，先进行工艺试验。U 形肋单元的制造工艺流程如图 3-4 所示。

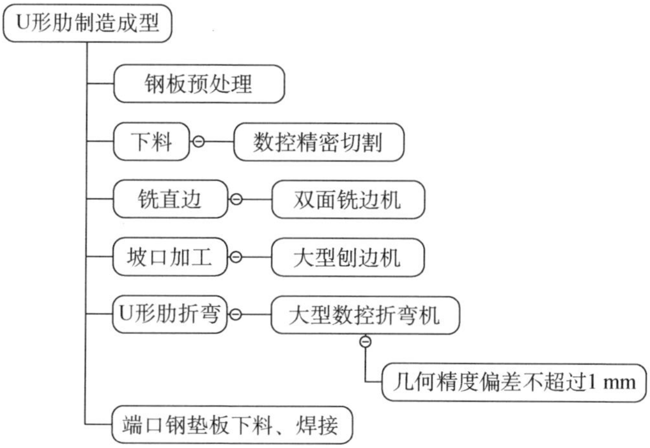

图 3-4　U 形肋的制造工艺流程

2. 底板单元的制造

古城特大桥钢箱梁底板单元包括底板及底板的 I 形肋板。钢板经预处理滚平后喷涂车间底漆，画纵横基准线、I 形肋板组装位置线，同时画出辅助基线。随后，将底板平铺于板单元组装平台上，按线组装 I 形肋板，并对两端及隔板位置处的组装精度加强控制。

为控制焊接变形，板单元的焊接采用专用的焊接反变形胎架。焊接反变形胎架根据不同钢板的宽度、厚度，横向设置不同的反变形值，钢板置于胎架上后周边压紧，进行焊接。

在焊接反变形胎架上施焊I形肋板焊缝，并按要求进行无损检测。对个别板单元的翘曲变形和波浪变形进行火焰矫正，使其满足平面度的要求。修正纵、横基线，并以其为基准画出横隔板组装位置线、两长边切割线，然后采用半自动小车按线焰切两长边坡口。制造过程中，对已损伤底漆的部位，进行二次除锈处理达到St3.0级后，补涂底漆。底板单元的制造工艺流程如图3-5所示。

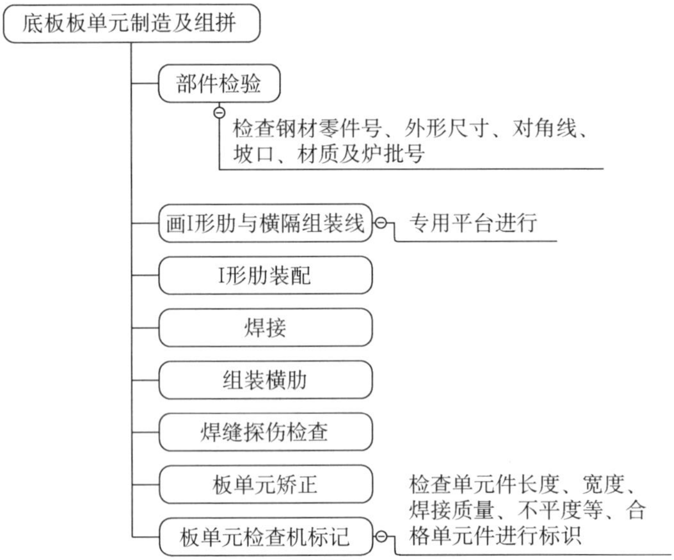

图3-5　底板单元的制造工艺流程

3. 顶板单元的制造

顶板单元的制造工艺与底板单元相似，如图3-6所示。

钢板焊接时，重点对焊丝对正角度、焊接工艺参数等进行控制，保证熔深和焊缝成型外观，避免咬边等缺陷。顶板单元直接承受轮压反复荷载作用，易产生疲劳裂纹，需尤其注意焊接质量。

4. 隔板单元的制造

在工作平台上，采用角钢定位出人孔围板的距离，保证隔板与平台的平行度

(1 mm 之内)，人孔围板预折弯后先通过定位焊固定在隔板上，尺寸检测合格后开始焊接。顶板单元的焊接如图 3-7 所示。

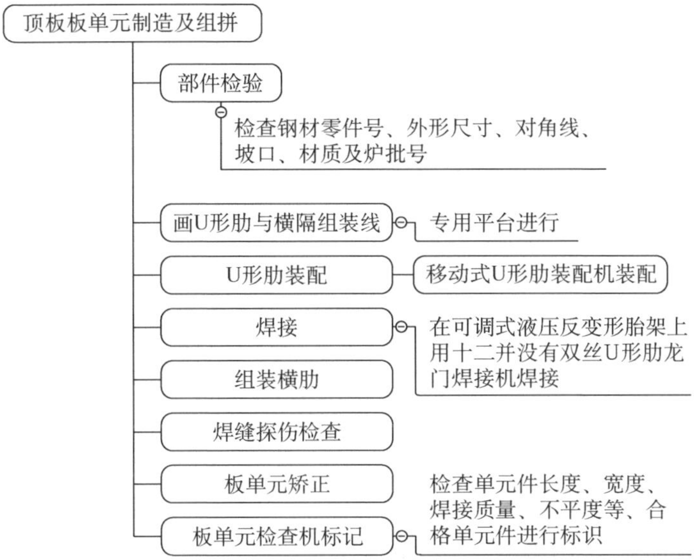

图 3-6　顶板单元的制造工艺流程

图 3-7　顶板单元的焊接

3.1.3　板件单元的组装

板件组装前，组装人员必须熟悉图纸和工艺文件，按照图纸认真核对零件编号、外形尺寸和坡口方向，确认无误后开始组装。板件的制造尺寸允许偏差如表

3-4 所示。

每次板件组装前对组装胎架进行检查，确认胎架合格后，所有板件均在工艺指定的组装胎架上进行组装。所有板件的非焊接自由边均倒圆角 2 mm。

表 3-4　箱形梁零件尺寸允许偏差

序号	名称	允许偏差		图　　例
1	盖板	长度	按工艺文件	
		宽度/mm	+2.0 0	
2	腹板	长度	按工艺文件	
		宽度	根据盖板厚度及焊接收缩量确定	
3	隔板	宽度 b/mm	+1.5 0	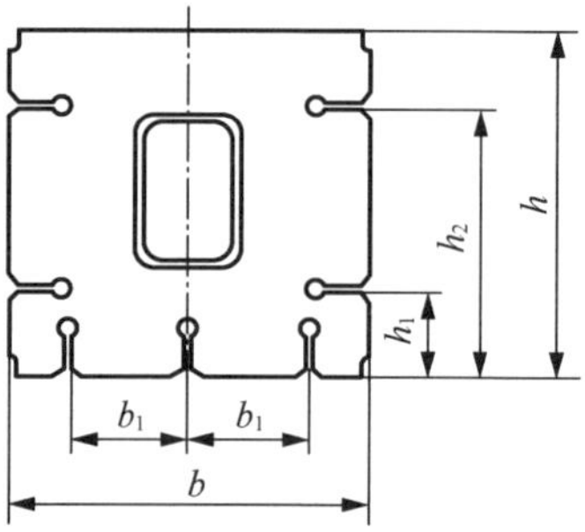
		高度 h/mm	+2.0 0	
		缺口定位尺寸 b_1，h_1，h_2/mm	±1.0	
		垂直度/mm	≤1.0	

板件在组拼检测合格后，按照焊接工艺规程进行焊接，焊后进行冷矫或热矫。冷矫时，环境温度不低于 5 ℃，矫正时缓慢加力，总变形量不大于变形部位原始长度的 2%；热矫时，加热温度控制在 600～800 ℃，不允许过烧，且不宜在同一部位多次重复加热。矫正后，板单元表面不应有凹痕或其他损伤。

3.1.4　钢箱梁节段的组装

钢箱梁的板单元及零件制造完成后，在总拼场地进行梁段连续匹配组焊和预拼装。组装采用“正装法”，以胎架为外胎，以横隔板为内胎，各板单元按纵、横基线就位，辅以加固设施以确保组装过程的精度和安全，如图 3-8 所示。

1. 总拼胎架的制造

(1) 综合考虑钢箱梁的设计线形、预拱度、竖曲线、横坡等因素设计总拼胎架，并对钢箱梁控制点、系统线进行放样。

(2) 根据设计资料,在硬化地面上对钢桥的支点、系统线进行放线,并在硬化地面上对钢箱梁的制造线形进行放线。

(3) 按照胎架设计图纸和地样线搭设胎架,胎架的标高(控制梁底线形)采用水平仪控制,如图 3-9 所示。

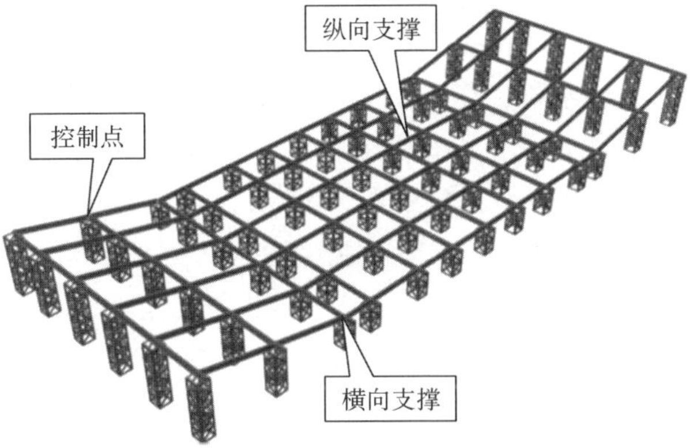

图 3-8　总拼胎架图

图 3-9　纵横向连接系杆

2. 总拼流程

各板件单元制作完成后,经检验合格进行试拼,并将其边缘和孔边的飞刺、电焊熔渣、飞溅等清除干净。随后,按照总拼图纸要求进行节段拼装,循序进行,每个节段拼装完成后进行检查和调整,合格后再继续拼装下一节段。

总拼完成后,对各节段逐一编号,并对总拼的结果进行详细检查验收记录,包括局部尺寸、总体尺寸、对角线尺寸、拼装间距、挠度、平曲线线形及组装过程情况等，合格后出厂。

3．拼装步骤

钢箱梁的拼装分别在3个胎架上进行，具体的拼装步骤如下：

首先，将第一个节段的底板单元铺设在胎架上，检测其外形尺寸，确认符合要求后相对固定。随后，以第一个节段的底板单元为基准，铺设第二个节段的底板单元，检测两个节段底板单元的外形尺寸，确认符合要求后利用码板将底板单元连接成整体，并以相同的方式完成后续节段底板单元的拼装。

在拼装完成的底板单元上画出腹板和隔板的安装线，依次安装各节段的中腹板单元，然后依次安装各节段的隔板单元，控制各隔板单元之间的距离，并将隔板单元与中腹板单元、底板单元进行刚性固定。

安装第一个节段的外腹板单元，并将外腹板单元与隔板单元、底板单元进行刚性固定，经检测合格后进行第一个节段内部焊缝的焊接工作。以相同的方式依次安装后续节段的外腹板单元，并依次完成后续节段的焊接工作。

每个总拼轮次的内部焊缝焊接工作完成后，进行整体的尺寸检测，合格后进行第一个节段的顶板单元安装工作，完成顶板单元与腹板单元、隔板单元之间的焊接。随后，依次安装该轮次剩余的顶板单元，并完成剩余焊缝的焊接工作。

每个总拼轮次的焊接完成后，对该轮次完成拼装的各个节段与整体进行检测。

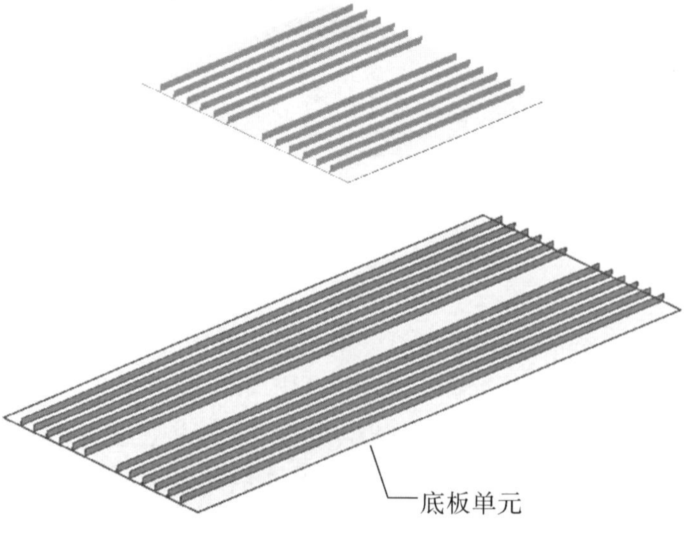

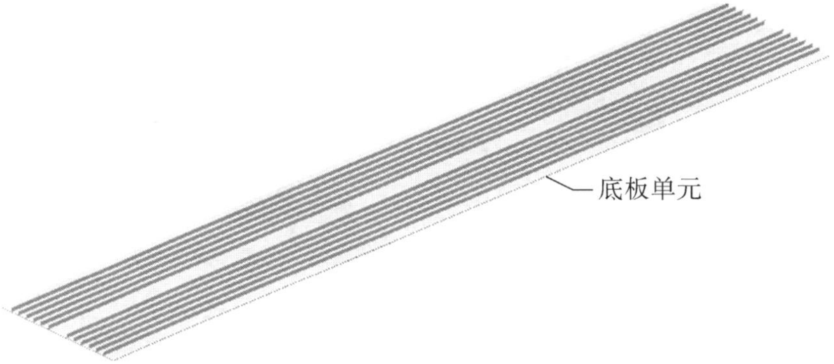
底板单元

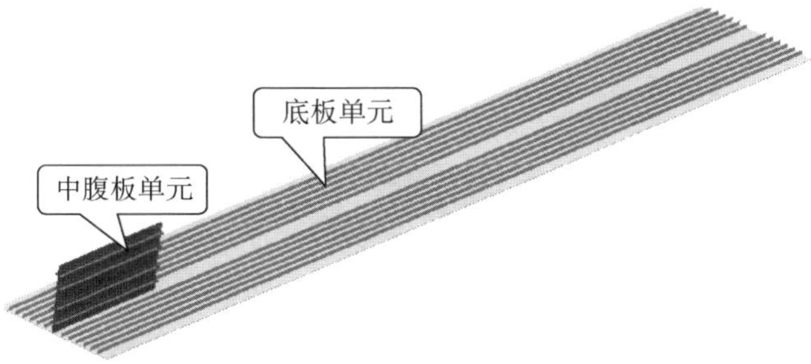
底板单元
中腹板单元

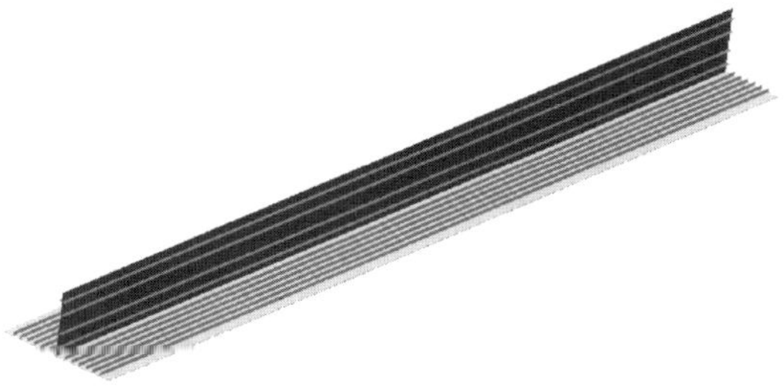

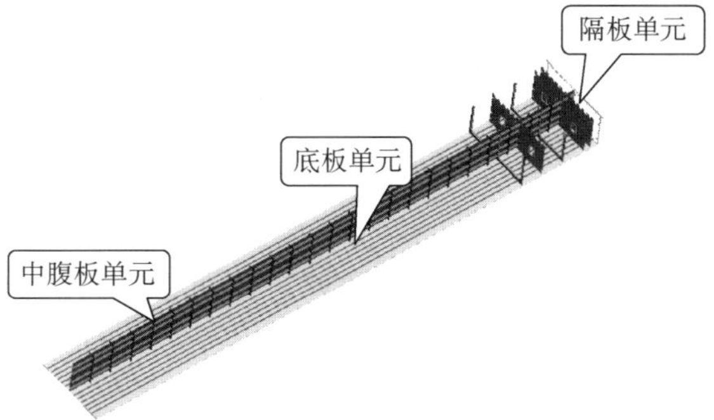
隔板单元
底板单元
中腹板单元

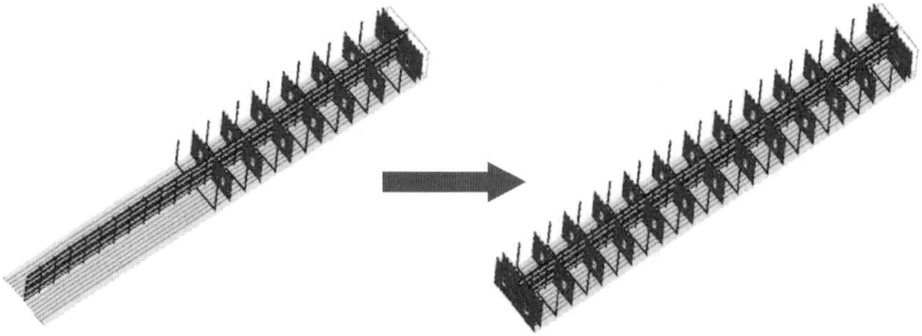

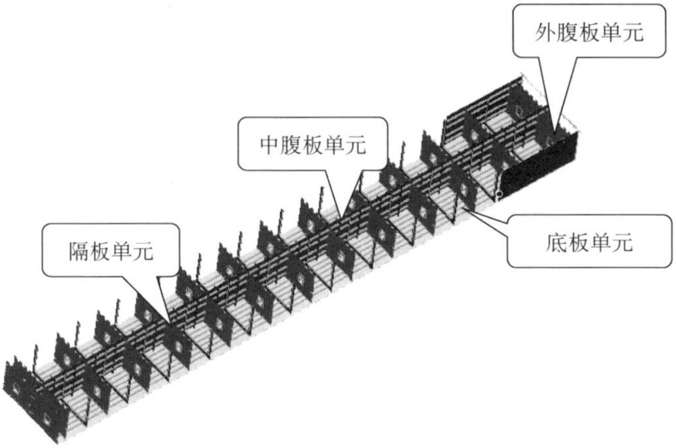
外腹板单元
中腹板单元
隔板单元
底板单元

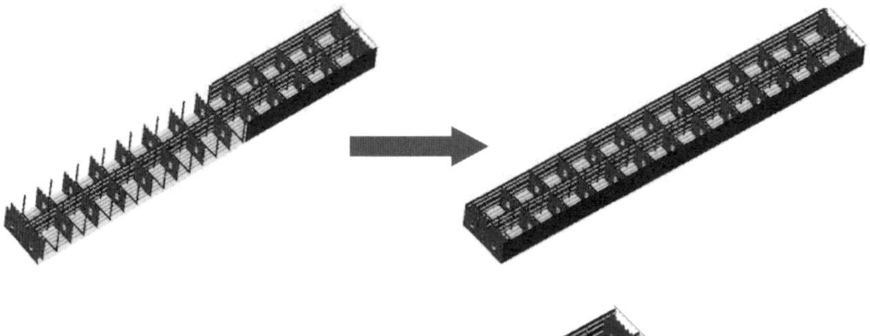

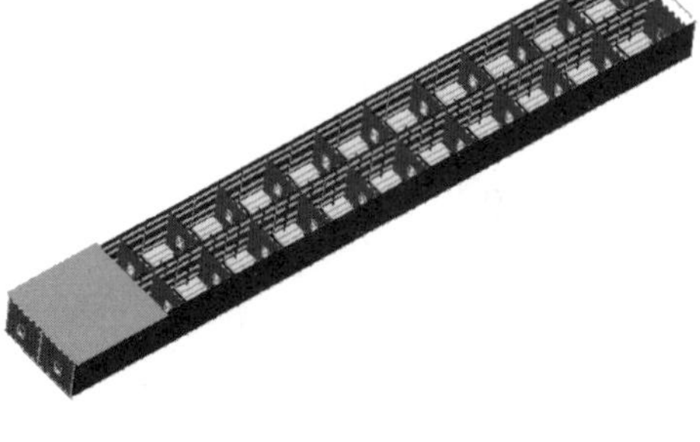

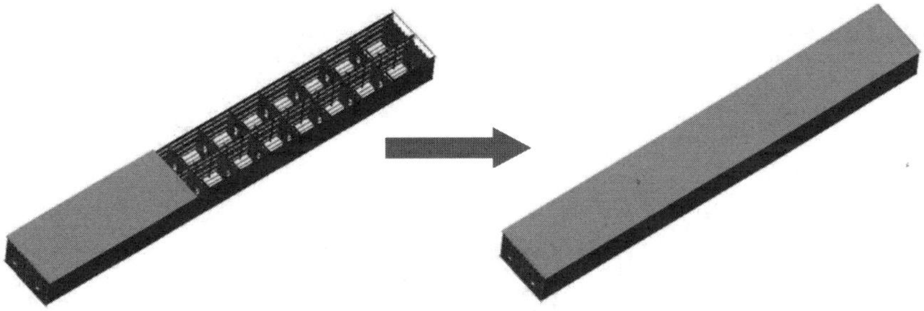

图 3-10　钢箱梁的拼装步骤

3.1.5　钢箱梁节段组装检测

钢梁节段组装允许偏差如表 3-5 所示。

表 3-5　整体组装允许偏差

序号	图　　例	项　　目	允许偏差/mm
1	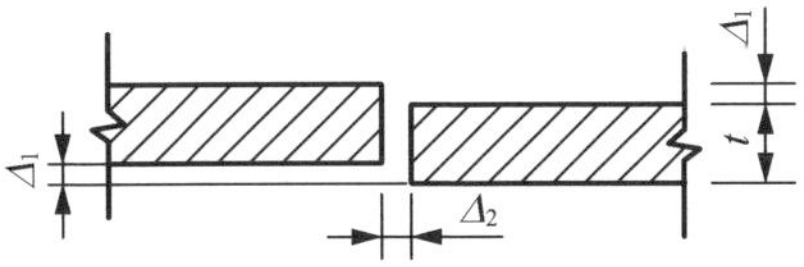	对接高低差 Δ_1	0.5(t<25) 1.0(t≥25)
		对接间隙 Δ_2	1.0
2		盖板中心与腹板中心线偏移 Δ	1.0
3	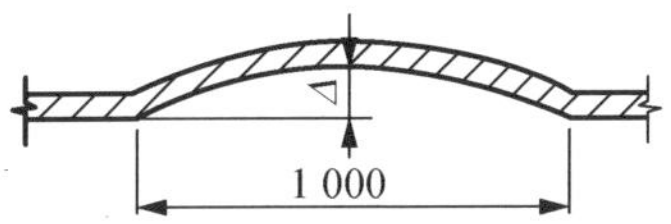	腹板平面度 Δ	1.0
4	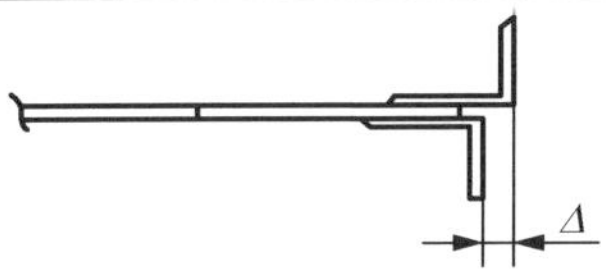	组合角钢肢高低差 Δ	0.5(连接处) 1.0(其他处)
5	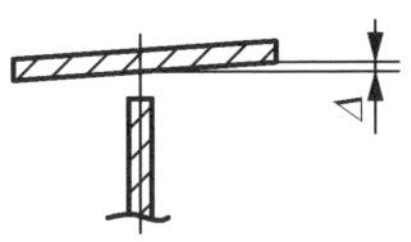	盖板倾斜 Δ	0.5
6	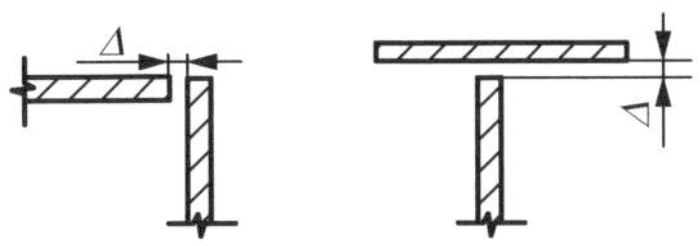	组装间隙 Δ	1.0

（续表）

序号	图　　例	项　　目	允许偏差/mm
7	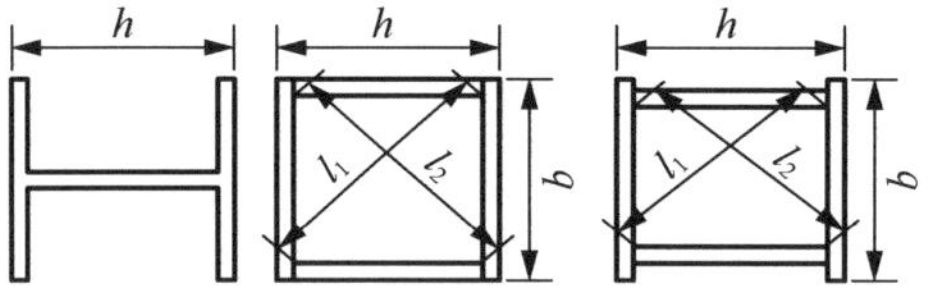	主桁插入式斜、竖杆高度 h	0 −1.5
		主桁对拼式斜、竖杆高度 h	+1.5 0
		箱形杆件对角线差 $\|l_1-l_2\|$	2.0
		箱形杆件宽度 b	±1.0 （有拼接时）
8	磨光顶紧	局部缝隙	0.2
9	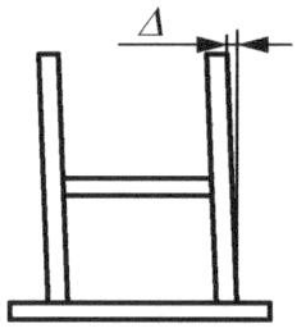	整体节点 节点板垂直度 Δ	1.5
10	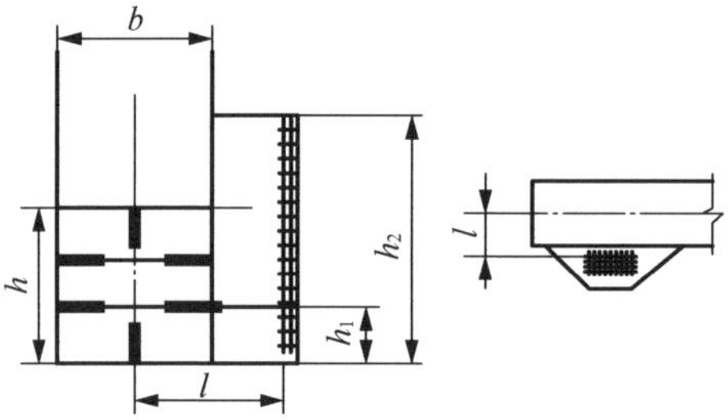	h，h_1，h_2	+2.5 0
		整体节点弦杆节点板内侧宽度 b	+2.0 +0.5
		杆件接头板组装尺寸 l	+1.5 0

3.1.6　钢箱梁节段的焊接

焊接节段时，遵照“先主后次”的原则，所有焊缝从中间向两边施焊。首先，施焊焊接隔板与腹板之间的角焊缝，接着焊接腹板与底板之间的主焊缝（端口处预留 200 mm 不焊接），最后焊接钢梁端部隔板与顶板的角焊缝。焊接参数严格按照焊接工艺进行控制。

3.1.7　钢箱梁节段的焊接矫正

钢箱梁节段在焊接完成后进行焊接矫正。焊接矫正可采用冷矫或热矫的方式进行。冷矫时，环境温度不得低于 5 ℃，矫正时缓慢加力，总变形量不大于变形部位原始长度的 2%。热矫时，加热温度控制在 600～800 ℃，不允许过烧，不宜在同一部位多次重复加热。矫正后的板件、板单元和箱梁节段表面不得有凹痕或其他损伤。焊接矫正后的允许偏差如表 3-6 所示。

表 3-6　箱形梁矫正的允许偏差

序号	图　　例	项　　目	允许偏差/mm	
1	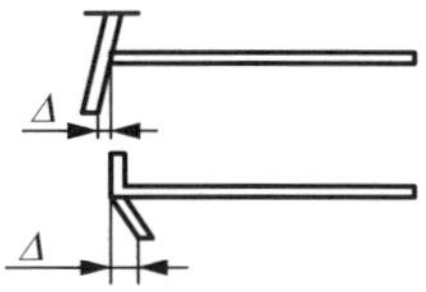	盖板对腹板的垂直度	有孔部位	1.0
			其余部位	3.0
2	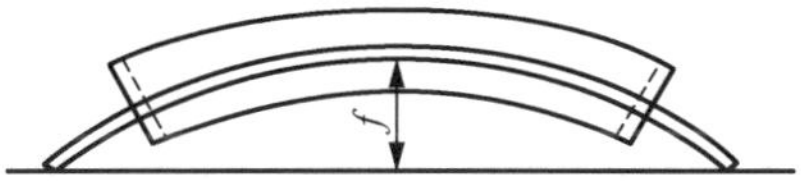	隔板弯曲	横向 纵向	2.0
3	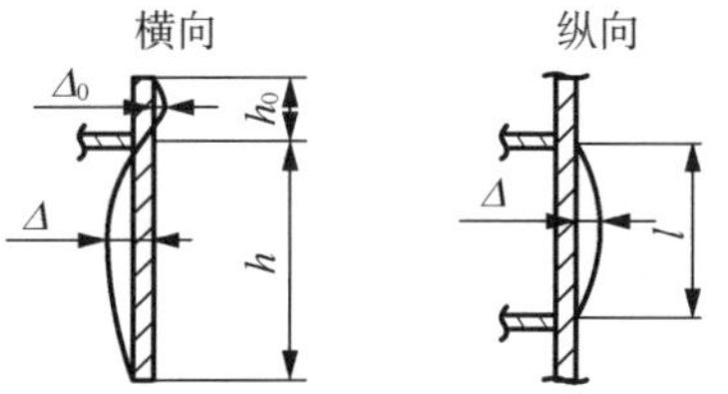	腹板平面度	有孔部位	2.0
			横向 Δ_0	$h_0/250$
			横向 Δ	$h/250$
			纵向	$l/500$
4	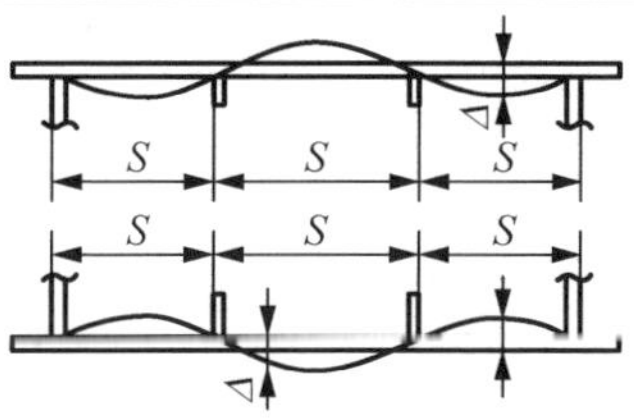	盖板平面度	有孔部位	2.0
			横向	$S/250$
			纵向 4 m 范围	4.0
5	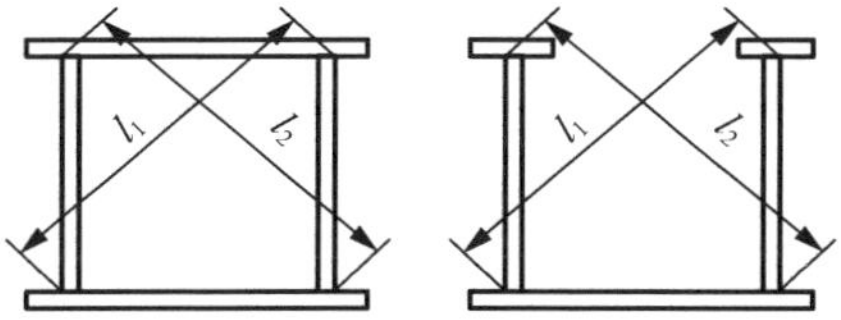	箱形梁两端横断面对角线差 $\lvert l_1-l_2 \rvert$	4.0	
		箱形梁拱度	+10 −5	
		箱形梁旁弯	$3+0.1l$（l 以 m 计）	
		箱形梁扭曲	每米 1 mm，且每段不大于 10 mm（每段以两端隔板处为准）	

3.1.8 剪力钉的焊接

剪力钉正式焊接前，必须按照规定的焊接工艺进行试焊，试焊后进行外观检查和30°角弯曲试验，合格后方可进行正式焊接。圆柱头焊钉的评定试验分为两组进行，每组取3个圆柱头焊钉，分别进行敲击30°弯曲检验和拉伸检验。圆柱头焊钉的材料及机械性能如表3-7所示。

表3-7 圆柱头焊钉的材料及机械性能

材料	机械性能
ML15	$\sigma_b \geqslant 400\ \mathrm{N/mm^2}$，$\sigma_s \geqslant 320\ \mathrm{N/mm^2}$，$\delta_s \geqslant 14\%$

3.2 混凝土桥面板的预制

古城特大桥预制桥面板的附属预埋结构包括防护墙钢筋、竖墙钢筋、无砟轨道底座板预埋套筒、接触网基础、综合接地钢筋、泄水管等。每块预制桥面板长3.5 m，相邻两块预制桥面板之间通过0.5 m宽的现浇湿接缝连接。为加强预制桥面板与钢梁的连接，每块预制板中设置9个现浇的槽口，每个槽口内焊接16根剪力钉，如图3-11所示。

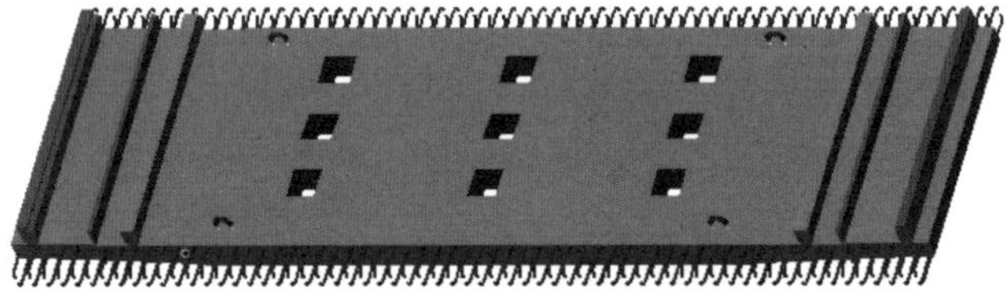

图3-11 预制桥面板构造示意图

为保证钢筋的精确定位，在桥面板的模板上设置了钢筋卡控槽口，如图3-12所示。在预制桥面板施工前，设置专用台座，保证预制桥面板的制作精度，见图3-13。

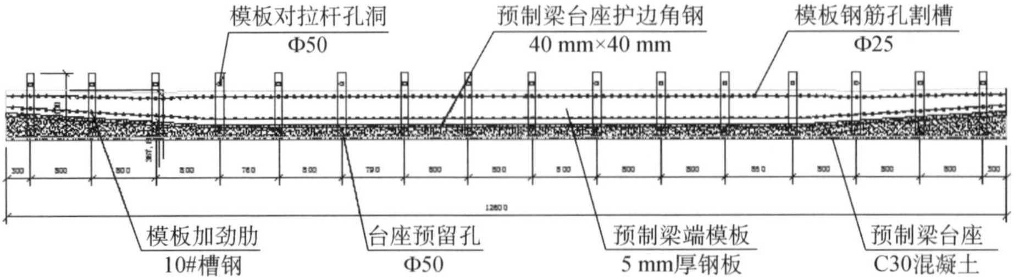

图3-12 预制台座正立面图

图 3-13 预制台座

为了尽可能减小混凝土收缩、徐变对钢-混叠合梁带来的不利影响，预制桥面板制作完成后放置至少 6 个月时间。

3.3 预顶升施工对结构受力影响参数化分析

本节以古城特大桥为背景，对基于预顶升施工的钢-混叠合梁桥在施工过程中采用不同的顶升量组合、不同的顶升与回落次序对结构体系所产生的影响进行参数化分析。

3.3.1 顶升量对结构受力影响的参数化分析

本节分别选取次中墩顶升 10 cm，中墩顶升 60 cm；次中墩顶升 20 cm，中墩顶升 70 cm 和次中墩顶升 40 cm，中墩顶升 90 cm（以下分别简称为“10 cm，60 cm”“20 cm，70 cm”“40 cm，90 cm”）三种方案，探究不同顶升量组合对钢梁与混凝土桥面板受力状态的影响。

1. 钢梁

顶升施工结束后，钢梁上下缘的应力变化情况如图 3-14、图 3-15 所示。随着顶升量的增加，钢梁上下缘的拉、压应力值均有一定幅度的减小，表明对于此施工阶段来说，“40 cm，90 cm”顶升量组合是较优的顶升方案。

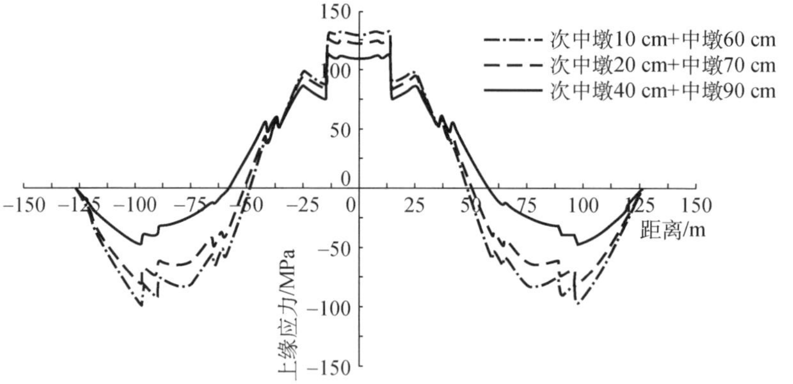

图 3-14　顶升结束钢梁上缘应力

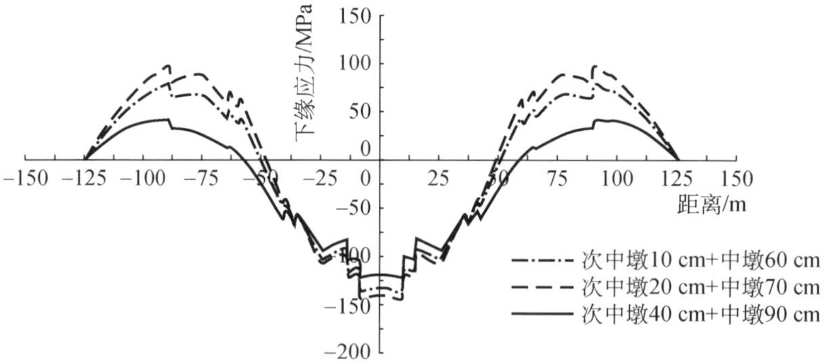

图 3-15　顶升结束钢梁下缘应力

中墩落梁结束后，钢梁上下缘的应力变化情况如图 3-16、图 3-17 所示。结果表明，随着顶升量的增加，钢梁上下缘的拉、压应力都有明显幅度的改变。其中，随着顶升量的增加，次中墩附近的钢梁上缘拉应力和下缘压应力均有所增大，而中跨附近的钢梁上缘拉应力减小、下缘拉应力增加。同时，在“40 cm，90 cm”顶升量组合中，钢梁下缘的最大拉应力已经达到了 230 MPa 左右，超过了 Q370qE 钢材的弯曲正应力容许值 220 MPa，不宜在实际施工中采用。因此，相比另外两组顶升量组合，“10 cm，60 cm”顶升量组合较好。

落梁结束后，钢梁上下缘的应力变化情况如图 3-18、图 3-19 所示。结果表明，随着顶升量的增加，钢梁上下缘的拉、压应力都有一定幅度的改变。其中，随着顶升量的增加，次中墩附近的钢梁上缘拉应力逐渐增加，下缘压应力逐渐减

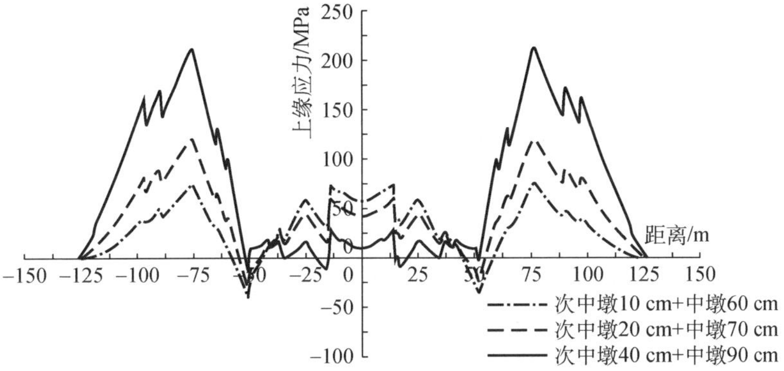

图 3-16　中墩落梁结束，钢梁上缘应力

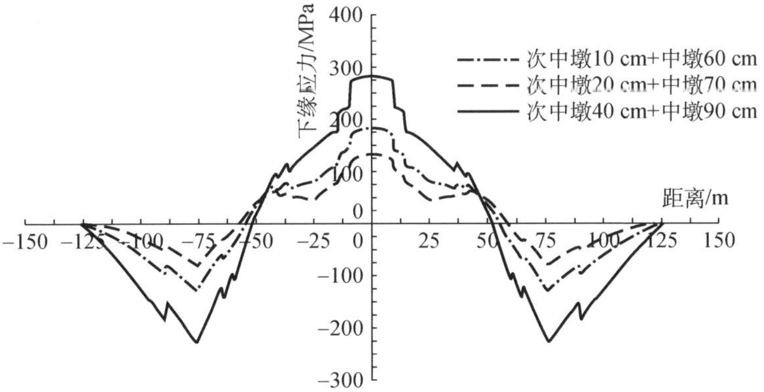

图 3-17　中墩落梁结束，钢梁下缘应力

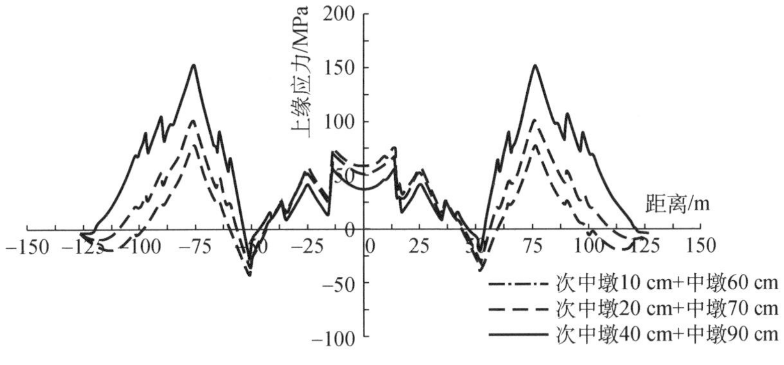

图 3-18　落梁结束钢梁上缘应力

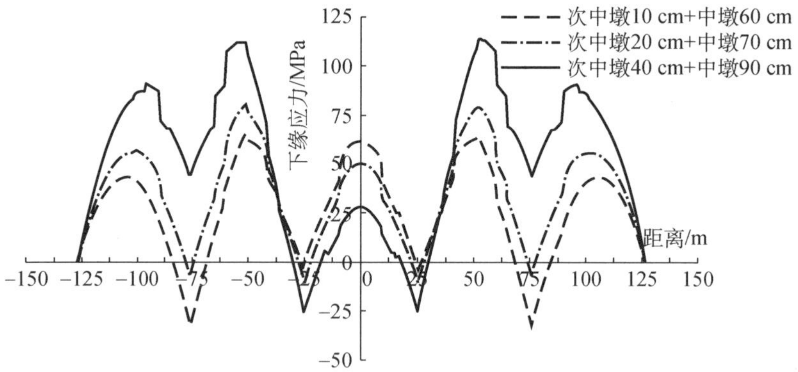

图 3-19　落梁结束钢梁下缘应力

小，并在“40 cm，90 cm”顶升量组合下转变为拉应力；中跨附近的钢梁上下缘拉应力均逐渐减小。

在二期铺装阶段，钢梁上下缘的应力变化情况如图 3-20、图 3-21 所示。在此施工阶段中，随着顶升量的增加，钢梁上缘的拉应力增幅较大，其余应力的变化较为缓慢。

收缩徐变阶段，钢梁上下缘的应力变化情况如图 3-22、图 3-23 所示。在此阶段中，随着顶升量的增加，钢梁上下缘的拉应力均呈递增状态，压应力呈递减状态，其中上缘的拉应力与下缘的压应力变化较为明显。

通过对上述不同顶升量组合情况下钢梁在不同施工阶段的应力情况，发现钢梁的应力值超过了材料的容许强度，存在一定的安全隐患，不适宜在实际施工中采用。

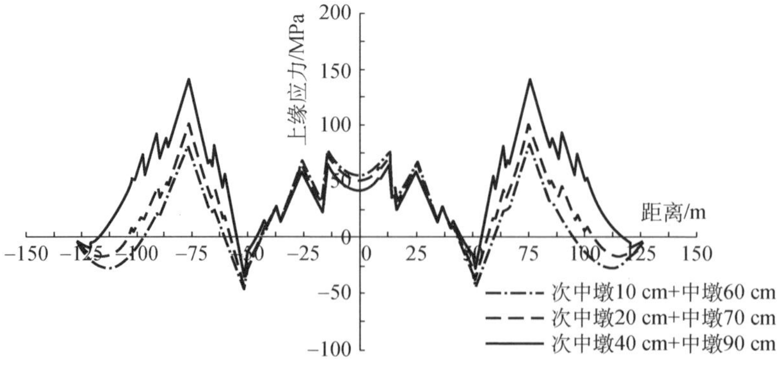

图 3-20　二期铺装阶段钢梁上缘应力

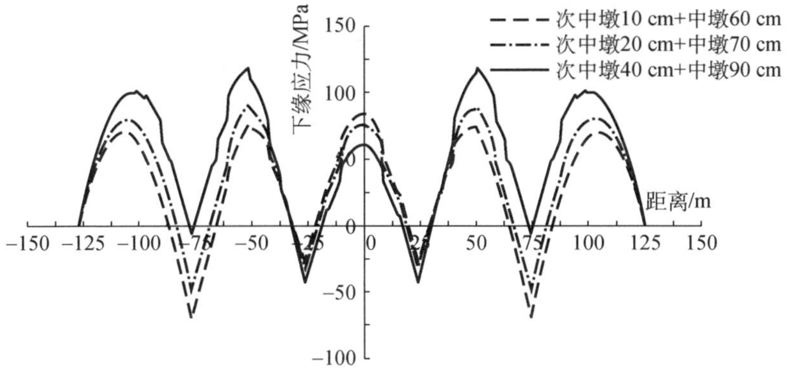

图 3-21　二期铺装阶段钢梁下缘应力

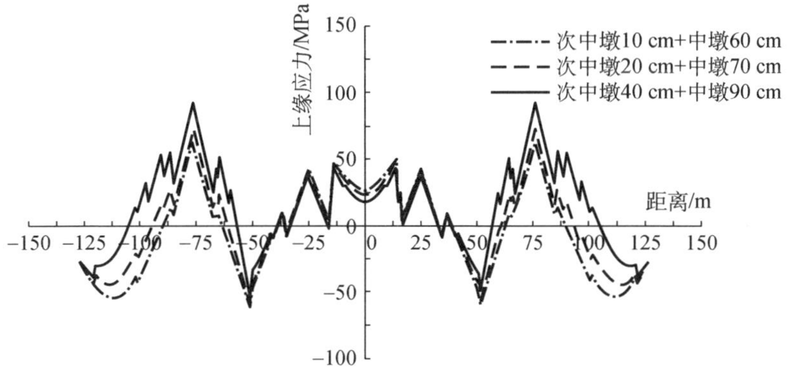

图 3-22　收缩徐变阶段钢梁上缘应力

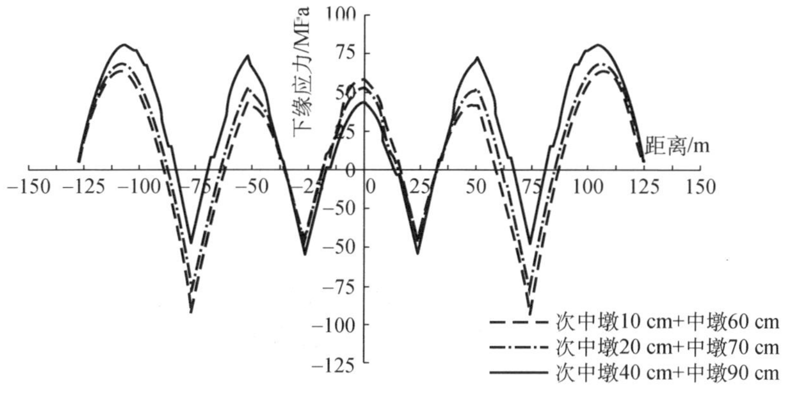

图 3-23　收缩徐变阶段钢梁下缘应力

2. 混凝土桥面板上下缘的应力变化

中墩落梁结束后，混凝土桥面板上下缘的应力变化情况如图 3-24、图 3-25 所示。结果表明，混凝土桥面板上下缘均为压应力，且压应力值均符合相关设计规范。

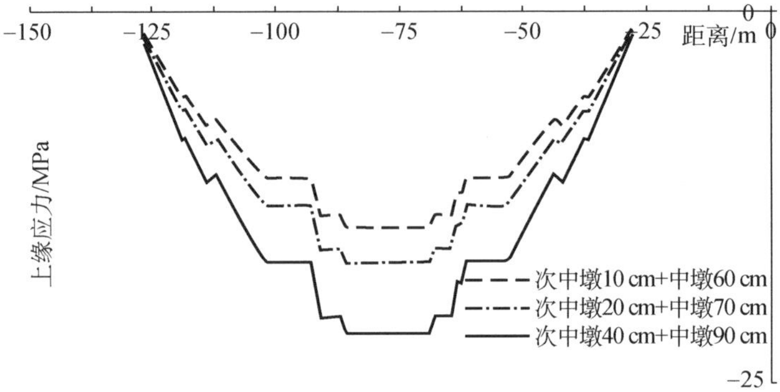

图 3-24　中墩落梁结束混凝土桥面板上缘应力

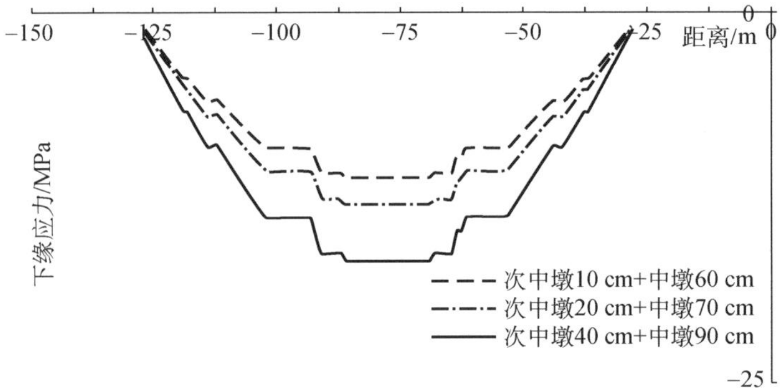

图 3-25　中墩落梁结束混凝土桥面板下缘应力

落梁结束后，混凝土桥面板上下缘的应力变化情况如图 3-26、图 3-27 所示。结果表明，随着顶升量的增加，混凝土桥面板内储备的预压应力水平也逐渐升高，尤其对于次中墩附近的混凝土桥面板来说，其压应力变化幅度更加明显。

二期铺装阶段，钢梁上下缘的应力变化情况如图 3-28、图 3-29 所示。在此阶段中，混凝土桥面板的应力随顶升高度变化的趋势与落梁结束后类似，随着顶升量的增加，混凝土桥面板内储备的预压应力水平也逐渐升高，尤其是次中墩附近的混凝土桥面板压应力变化幅度较大。

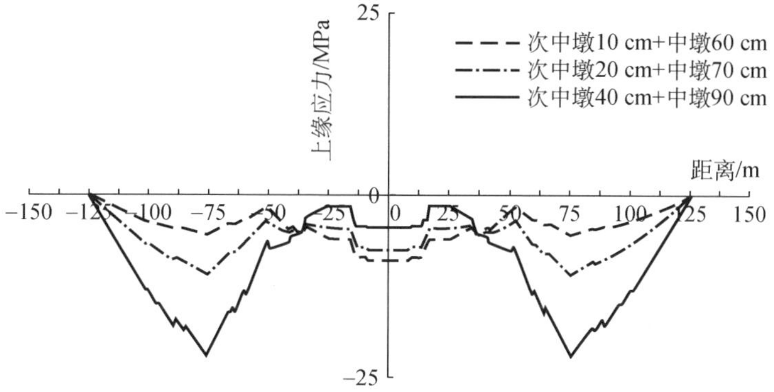

图 3-26 落梁结束混凝土桥面板上缘应力

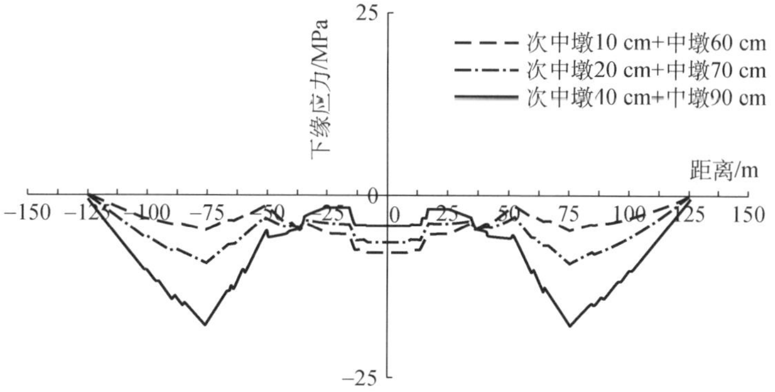

图 3-27 落梁结束混凝土桥面板下缘应力

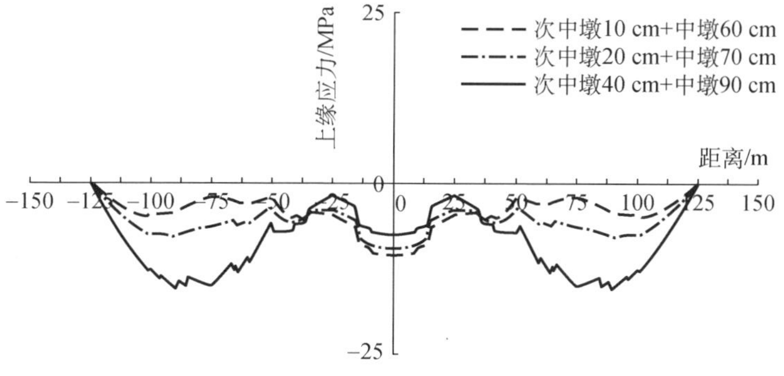

图 3-28 二期铺装阶段混凝土桥面板上缘应力

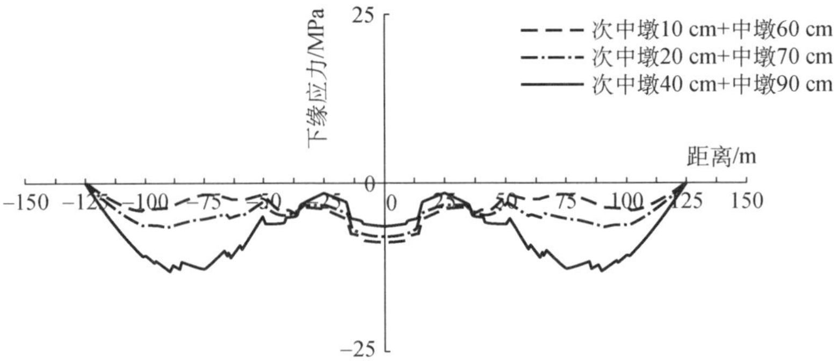

图 3-29　二期铺装阶段混凝土桥面板下缘应力

收缩徐变阶段，混凝土桥面板上下缘的应力变化情况如图 3-30、图 3-31 所示。此阶段混凝土桥面板预压应力随顶升高度变化的趋势较落梁结束、二期铺装等阶段有所减缓。同时，在“10 cm，60 cm”顶升量组合下，次中墩负弯矩区的

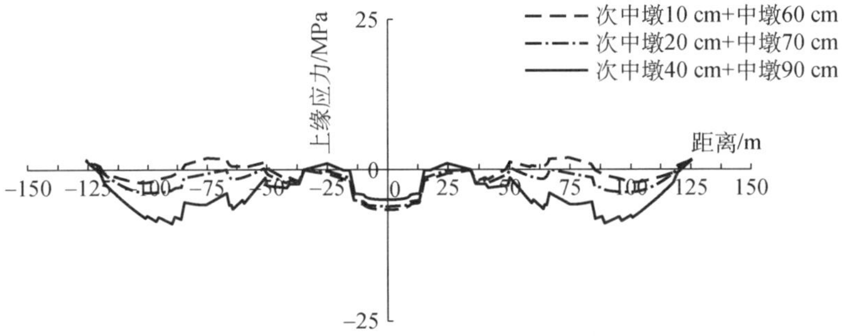

图 3-30　收缩徐变阶段混凝土桥面板上缘应力

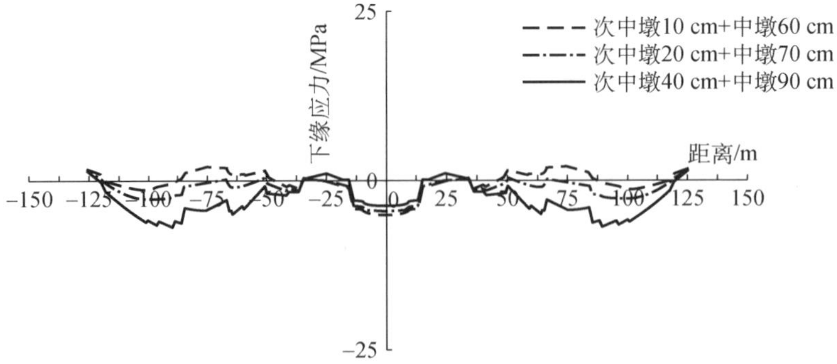

图 3-31　收缩徐变阶段混凝土桥面板下缘应力

混凝土桥面板在考虑收缩徐变后出现了一定的拉应力，表明该顶升量组合下储备的预压应力是不足的。

综合上述，不同顶升量组合对钢梁和混凝土桥面板受力状态影响的分析，“40 cm，90 cm”顶升量组合方案在钢梁部分的应力超出了钢材设计规范值；而“10 cm，60 cm”顶升量组合对混凝土桥面板的预压应力施加效果不理想，考虑收缩徐变后混凝土桥面板可能存在开裂问题。因此，“20 cm，70 cm”顶升量组合方案为可靠、安全、有效的较优顶升量组合方案。

3.3.2　回落顺序对结构受力影响的参数化分析

1. 穿插落梁与先落中墩、后落次中墩

利用有限元软件分别模拟将中墩落下 30 cm 后次中墩落梁 20 cm，中墩再落完剩余的 40 cm 与中墩落梁 70 cm 后次中墩再落梁 20 cm（以下简称“穿插落梁”“先落中墩，后落次中墩”）两种落梁顺序方案，对其结果进行对比分析。

落梁完成后，钢梁上下缘的应力变化情况如图 3-32、图 3-33 所示。在次中墩附近，先落中墩、后落次中墩方案的钢梁上缘拉应力较大；而在跨中附近，先落中墩、后落次中墩方案的钢梁上、下缘拉应力均较小。

二期铺装阶段，钢梁上下缘的应力变化情况如图 3-34、图 3-35 所示。与落梁结束阶段类似，在次中墩附近，先落中墩、后落次中墩方案的钢梁上缘拉应力较大；而在跨中附近，先落中墩、后落次中墩方案的钢梁上、下缘拉应力均较小。

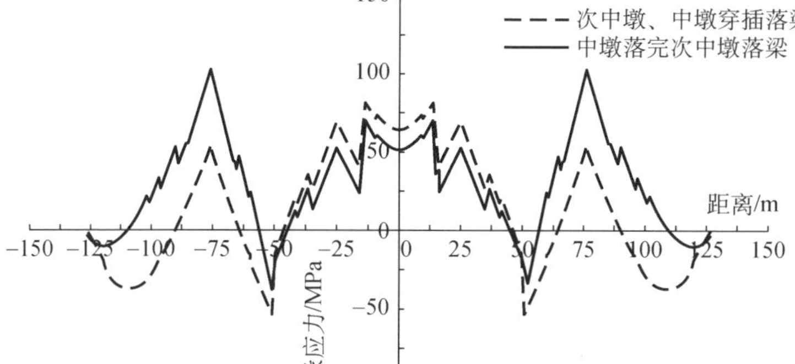

图 3-32　落梁完成钢梁上缘应力

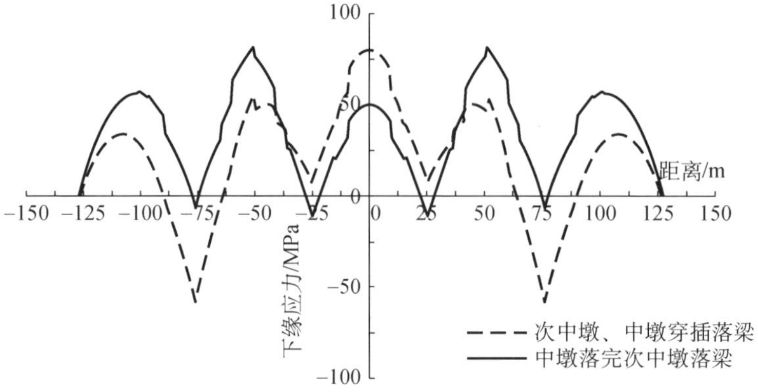

图 3-33　落梁完成钢梁下缘应力

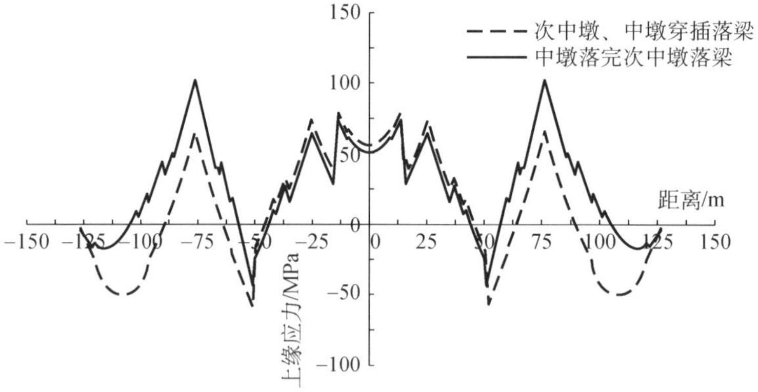

图 3-34　二期铺装阶段钢梁上缘应力

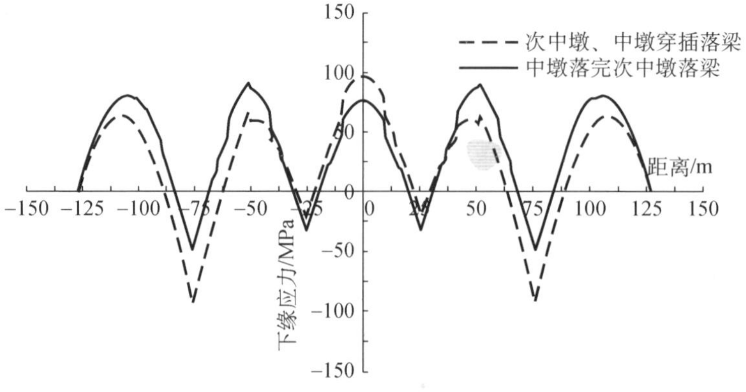

图 3-35　二期铺装阶段钢梁下缘应力

二期铺装阶段,混凝土桥面板上下缘的应力变化情况如图 3-36、图 3-37 所示。结果表明,先落中墩、后落次中墩方案中的混凝土桥面板在此阶段上下缘均处于受压状态,且有一定的预压应力储备;而穿插落梁方案中,次中墩附近的混凝土桥面板仍处于受拉状态,未能实现预顶升施工方法的目的。

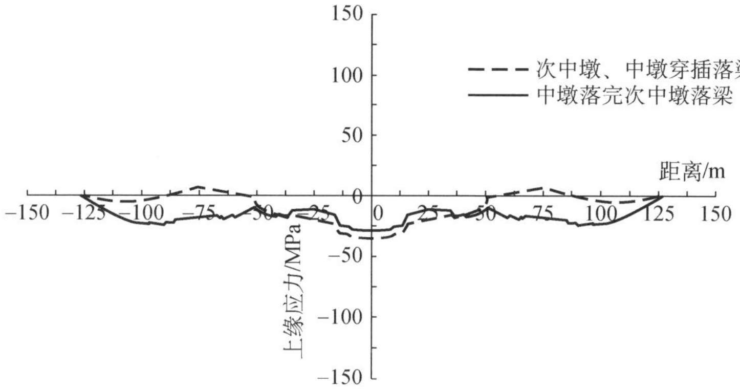

图 3-36 二期铺装混凝土桥面板上缘应力

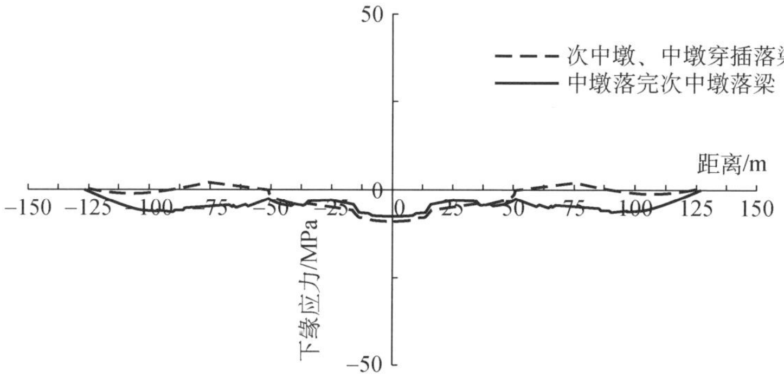

图 3-37 二期铺装混凝土桥面板下缘应力

收缩徐变阶段,钢梁上下缘的应力变化情况如图 3-38、图 3-39 所示。相比之下,尽管出现位置不同,两种方案的上缘最大拉应力和最大压应力、下缘最大拉应力均较为接近,但先落中墩、后落次中墩方案的下缘最大压应力较小,这对避免钢梁的局部失稳是有利的。

收缩徐变阶段,混凝土桥面板上下缘的应力变化情况如图 3-40、图 3-41 所示。结果表明,由于先落中墩、后落次中墩,因此混凝土桥面板有一定的预压应力储备,在考虑十年的收缩徐变后桥面板仍基本处于受压状态;穿插落梁方案

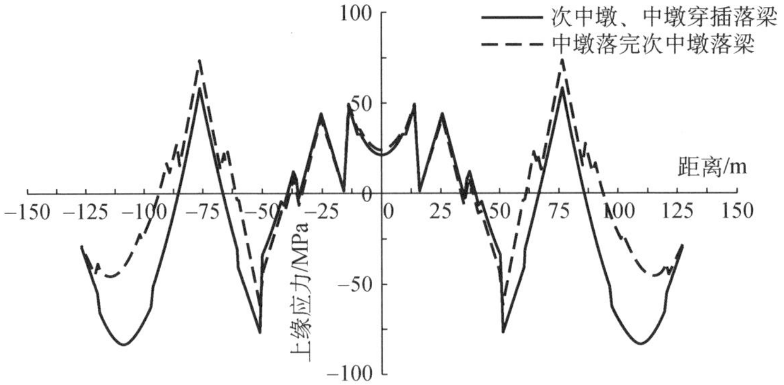

图 3-38　收缩徐变阶段钢梁上缘应力

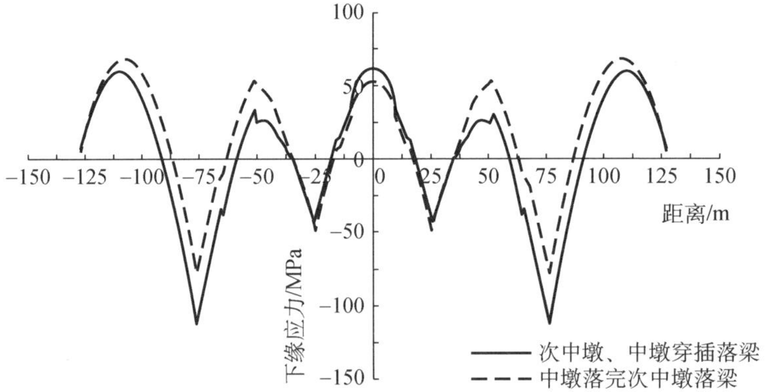

图 3-39　收缩徐变阶段钢梁下缘应力

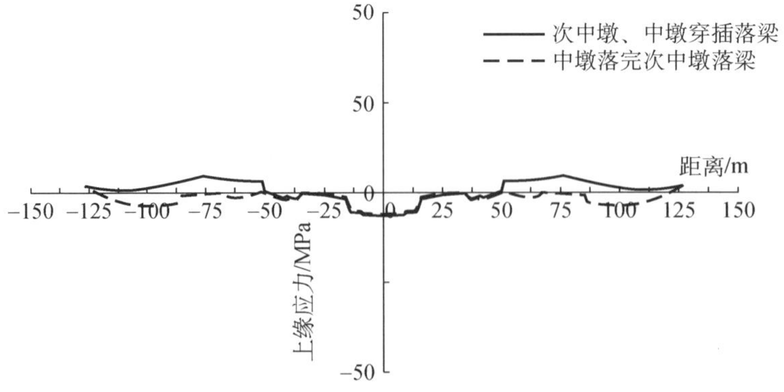

图 3-40　收缩徐变混凝土桥面板上缘应力

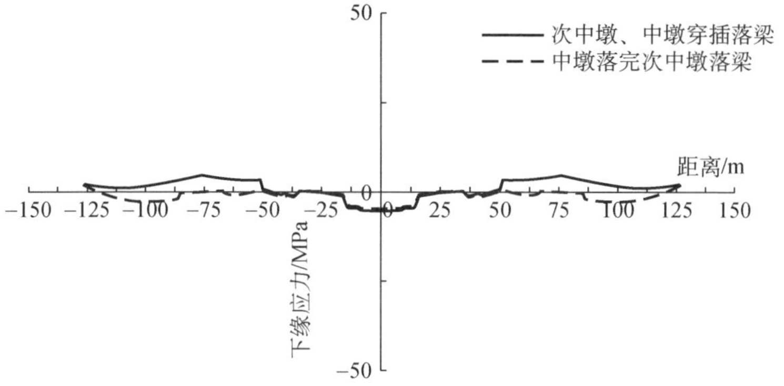

图 3-41 收缩徐变混凝土桥面板下缘应力

的混凝土桥面板则上下缘均出现了较大的拉应力。

综上所述，与穿插落梁方案相比，先落中墩、后落次中墩方案是更好的选择。

2. 次中墩先落梁与中墩先落梁

利用有限元软件模拟次中墩先落梁与中墩先落梁两种情况，并进行对比。

落梁完成后，钢梁上下缘的应力变化情况如图 3-42、图 3-43 所示。两种方案下，钢梁上缘的应力区别较大，而中墩先落梁方案下，钢梁下缘的压应力水平是在全桥范围内普遍低于次中墩先落梁方案的。

二期铺装阶段，钢梁上下缘的应力变化情况如图 3-44、图 3-45 所示。与落梁完成后类似，钢梁上缘的应力分布情况仍区别较大，中墩先落梁方案的钢梁下缘压应力水平较低，且其低于次中墩先落梁方案的幅度有所增大。

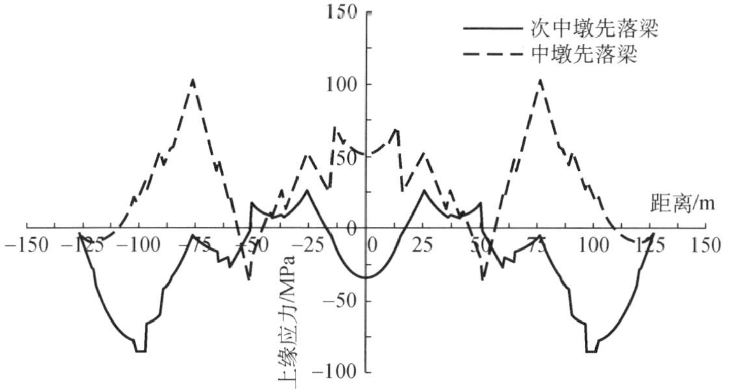

图 3-42 落梁完成钢梁上缘应力

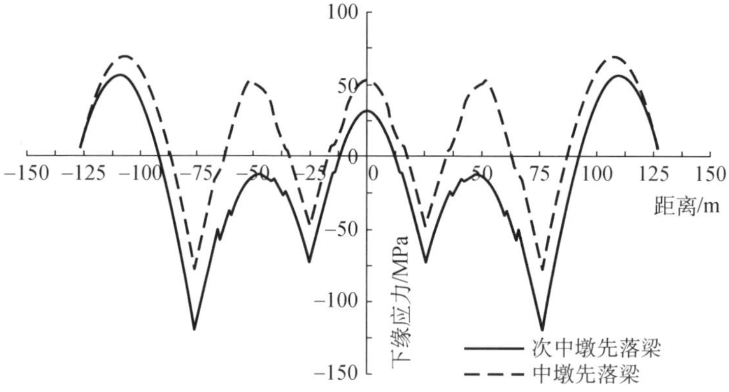

图 3-43 落梁完成钢梁下缘应力

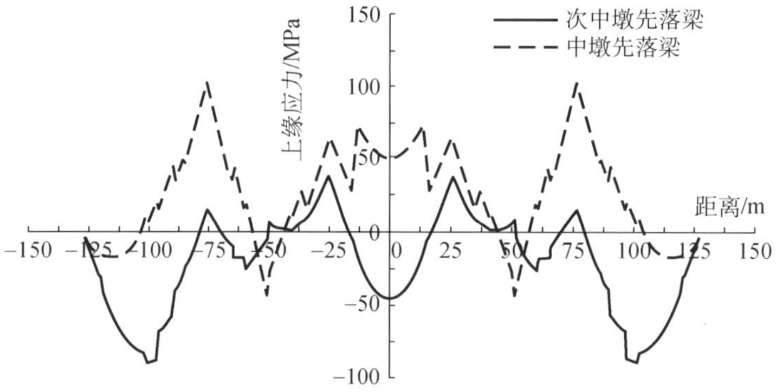

图 3-44 二期铺装阶段钢梁上缘应力

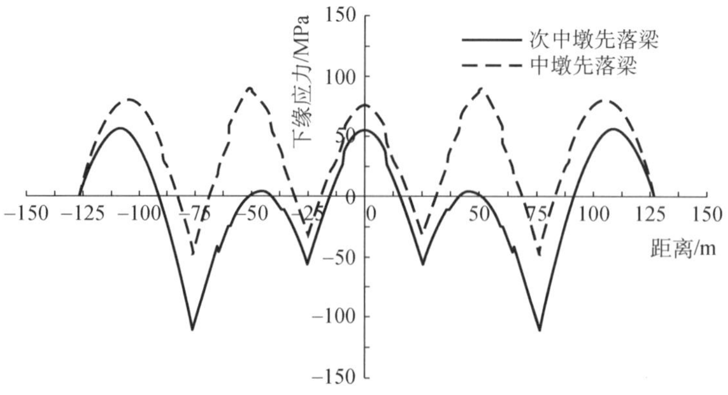

图 3-45 二期铺装阶段钢梁下缘应力

二期铺装阶段，混凝土桥面板的上下缘应力变化情况如图 3-46、图 3-47 所示。可见，在次中墩先落梁方案中，混凝土桥面板不仅未能储备一定的预压应力，甚至在次中墩附近的负弯矩区中上下缘均出现了较大的拉应力，这将导致负弯矩区混凝土桥面板严重的开裂问题。

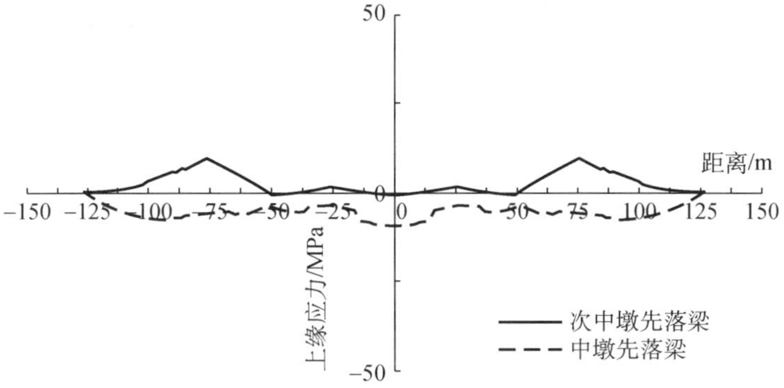

图 3-46　二期铺装阶段混凝土桥面板上缘应力

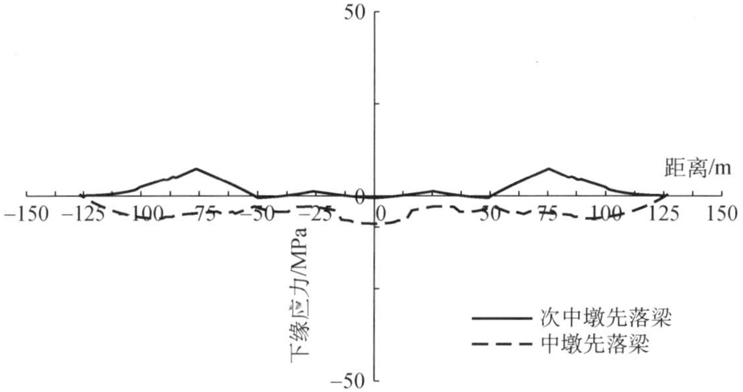

图 3-47　二期铺装阶段混凝土桥面板下缘应力

收缩徐变阶段，钢梁上下缘的应力变化情况如图 3-48、图 3-49 所示。可见，经过十年的收缩徐变后，中墩先落梁方案的钢梁下缘在全桥范围内基本处于受拉状态，上缘的压应力水平也低于次中墩先落梁的方案，有利于发挥钢-混叠合梁桥的性能优势。

收缩徐变阶段，混凝土桥面板上下缘的应力变化情况如图 3-50、图 3-51 所示。考虑十年的收缩徐变后，中墩先落梁方案的混凝土桥面板压应力有所减小，但在全桥范围内，混凝土桥面板仍基本处于受压状态；而次中墩先落梁方案中，混凝土桥面板已经基本全部处于受拉状态。

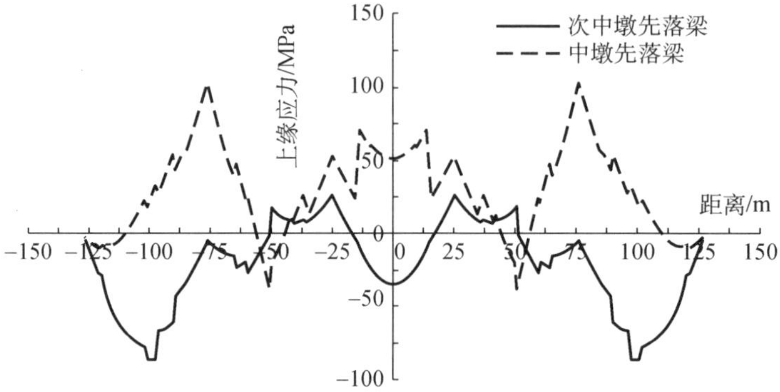

图 3-48　收缩徐变阶段钢梁上缘应力

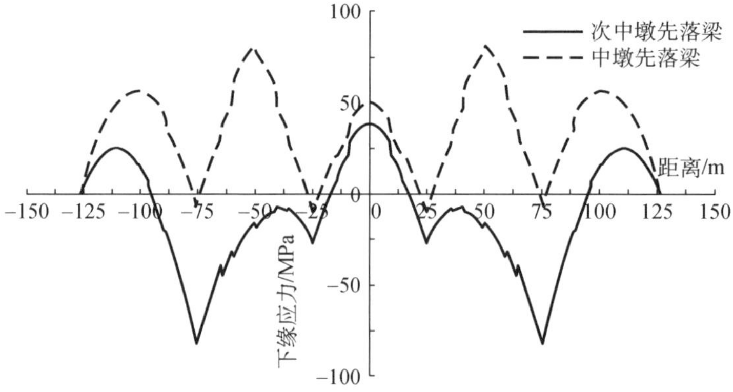

图 3-49　收缩徐变阶段钢梁下缘应力

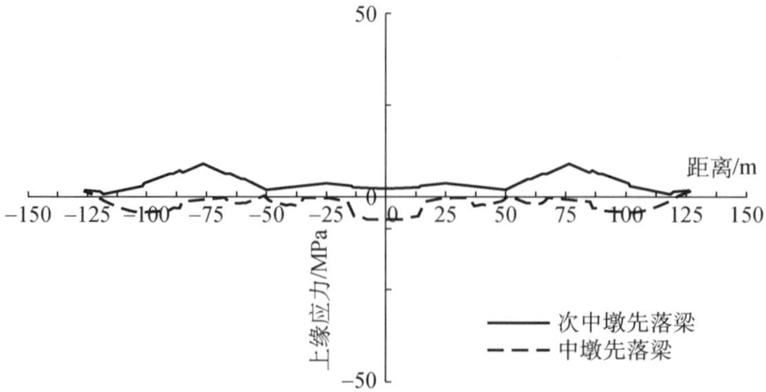

图 3-50　收缩徐变混凝土桥面板上缘应力

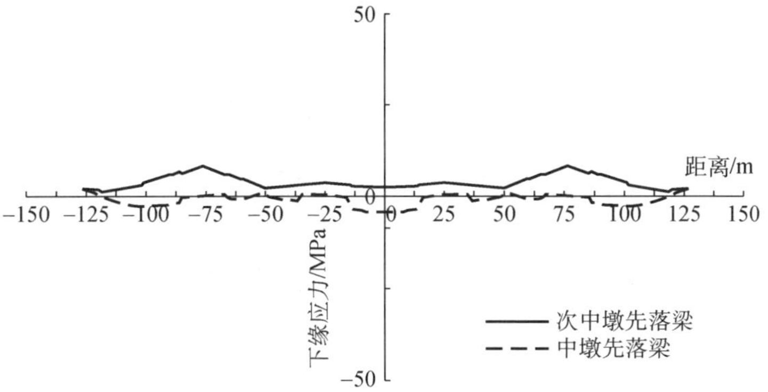

图 3-51　收缩徐变混凝土桥面板下缘应力

综上所述，相比次中墩先落梁方案而言，中墩先落梁是更好的选择。

3.4　顶升回落方案的比较与优化

本节在理论分析得到的最优方案基础上，同时考虑施工可行性、施工便利性、安全可控性，提出顶升与回落的最优方案进行研究。

在顶升与回落的过程中，各墩顶的反力是衡量最优方案的一个重要指标。本节同样使用三个不同的顶升量组合“10 cm，60 cm”“20 cm，70 cm”“40 cm，90 cm”，以及三种回落顺序：先落中墩、后落次中墩；先落次中墩、后落中墩以及中墩、次中墩穿插落梁进行比较。

3.4.1　顶升与回落最优方案比选

1. 不同顶升量组合下的各墩顶反力

如图 3-52—图 3-57 所示，在四个不同施工阶段，1170＃墩～1175＃墩顶处的反力值。从左到右的三列数据依次代表三个不同的顶升量组合“10 cm，60 cm”“20 cm，70 cm”“40 cm，90 cm”。

可见，所有负反力均仅在顶升后与中墩落梁完成后出现。“40 cm，90 cm”顶升量组合下，中墩落梁阶段在 1170＃与 1175＃墩处产生较大负反力，并且该组合是唯一在中墩落梁阶段 1172＃与 1173＃墩处出现负反力的方案。“10 cm，60 cm”顶升量组合中，顶升阶段在 1171＃与 1174＃墩顶处的负反力较大。

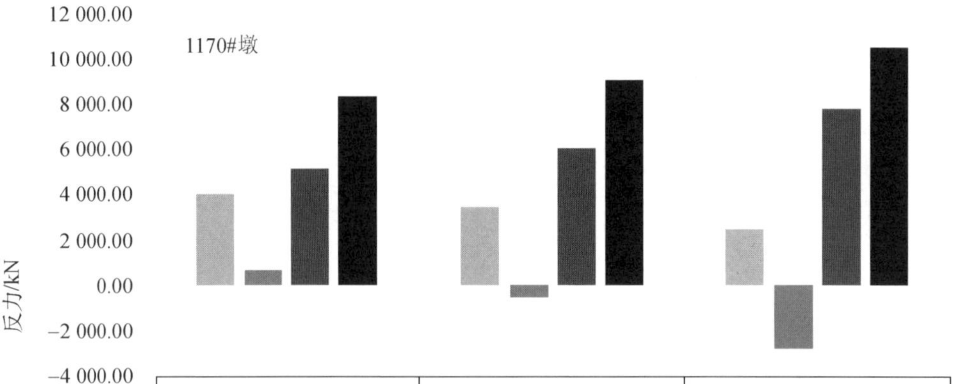

	1170#	1170#	1170#
顶升后	3 967.19	3 470.49	2 477.10
中墩落梁	652.55	−505.22	−2 820.70
落梁完	5 155.88	6 031.97	7 784.14
二期铺装	8 316.83	9 040.63	10 488.23

图 3-52　1170♯墩在不同阶段三组顶升量时反力

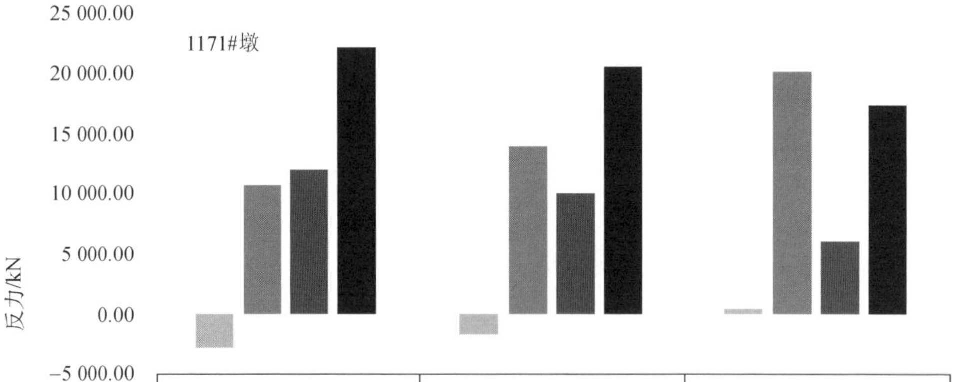

	1171#	1171#	1171#
顶升后	−2 862.01	−1 766.33	425.05
中墩落梁	10 698.71	13 883.11	20 251.92
落梁完	12 006.15	10 016.43	6 036.98
二期铺装	22 170.82	20 559.04	19 335.47

图 3-53　1171♯墩在不同阶段三组顶升量时反力

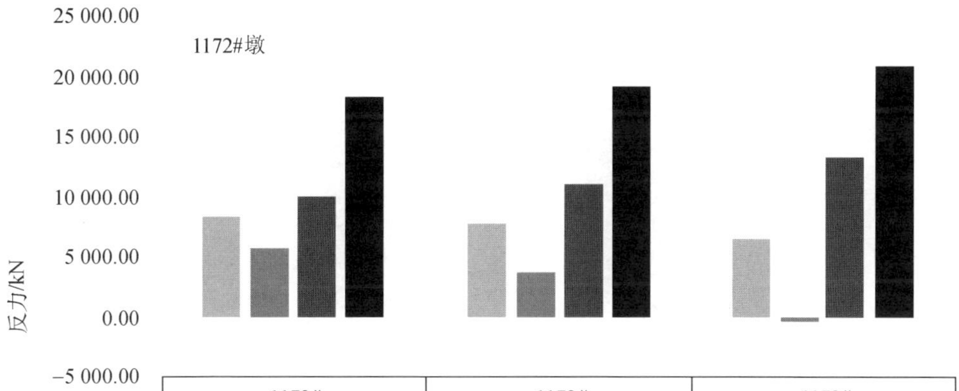

	1172#	1172#	1172#
顶升后	8 386.20	7 787.21	6 589.23
中墩落梁	5 739.82	3 716.99	−328.67
落梁完	10 006.82	11 121.30	13 350.26
二期铺装	18 267.40	19 156.35	20 934.24

图 3-54　1172＃墩在不同阶段三组顶升量时反力

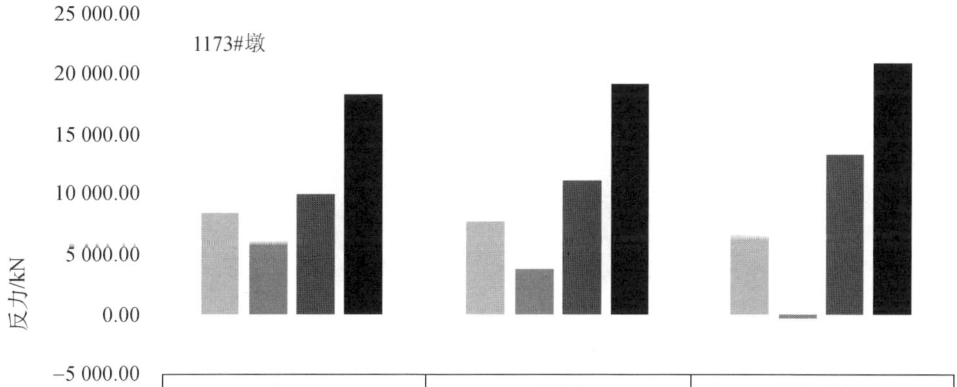

	1173#	1173#	1173#
顶升后	8 386.20	7 787.21	6 589.23
中墩落梁	5 816.60	3 788.93	−266.41
落梁完	9 987.25	11 097.47	13 317.91
二期铺装	18 233.33	19 119.05	20 890.48

图 3-55　1173＃墩在不同阶段三组顶升量时反力

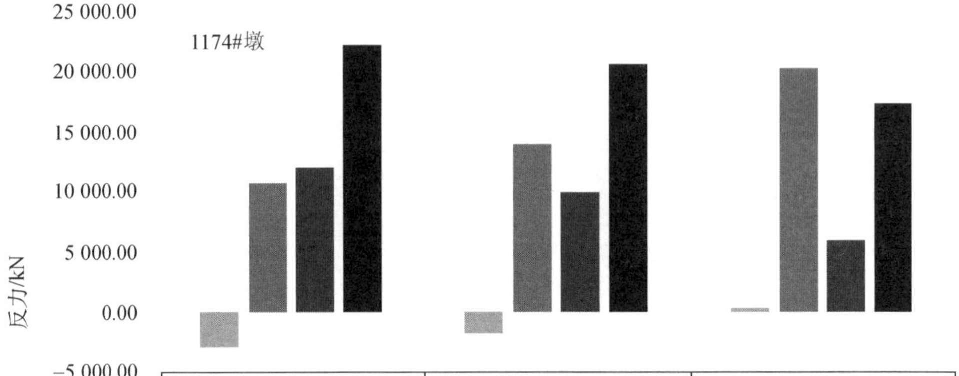

	1174#	1174#	1174#
顶升后	−2 862.01	−1 766.33	425.05
中墩落梁	10 771.38	13 957.15	20 328.71
落梁完	12 016.36	10 027.92	6 051.05
二期铺装	22 183.79	20 572.76	17 350.72

图 3-56　1174＃墩在不同阶段三组顶升量时反力

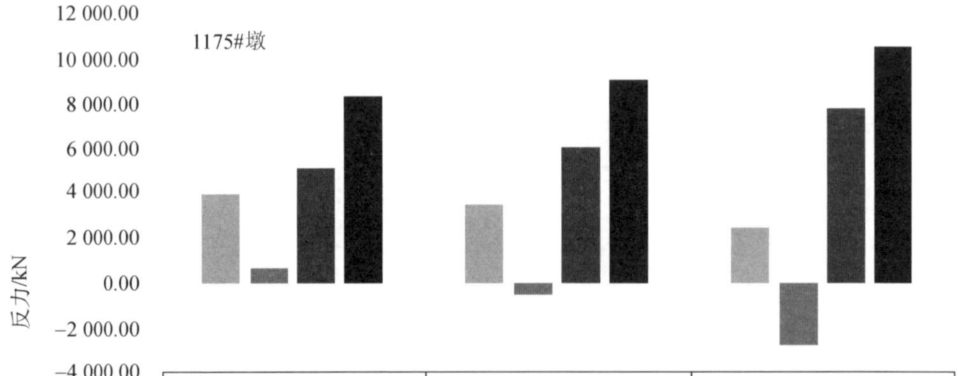

	1175#	1175#	1175#
顶升后	3 967.19	3 470.49	2 477.10
中墩落梁	638.20	−519.43	−2 834.68
落梁完	5 148.15	6 024.32	7 776.65
二期铺装	8 315.91	9 039.90	10 487.88

图 3-57　1175＃墩在不同阶段三组顶升量时反力

“20 cm，70 cm”顶升量组合下，中墩落梁完成后，1175＃与1170＃墩处虽有负反力，但负反力远小于“40 cm，90 cm”顶升量组合；顶升后阶段，在1171＃与1174＃墩产生了较小负反力，小于“10 cm，60 cm”顶升量组合。因此，“20 cm，70 cm”顶升量为优选顶升量组合。

2. 落梁顺序对各墩顶反力的影响

落梁顺序也会影响各个墩顶的反力。图3-58—图3-63为六个墩顶处，先次中墩落梁和先中墩落梁两种落梁顺序下，四个施工阶段中的反力值（表中从1～4分别为：顶升完成后，次中墩或中墩落梁完成后，落梁结束及二期铺装）。

根据图3-58—图3-63中的反力值，中墩落梁完成后，在1170＃墩处有较小的负反力。在1171＃与1174＃墩处，两种落梁顺序均在顶升阶段产生大小接近的反力，但先次中墩落梁的落梁方案同时在次中墩落梁完成后有负反力。因此相比较两种落梁顺序，先中墩落梁为优选落梁顺序。

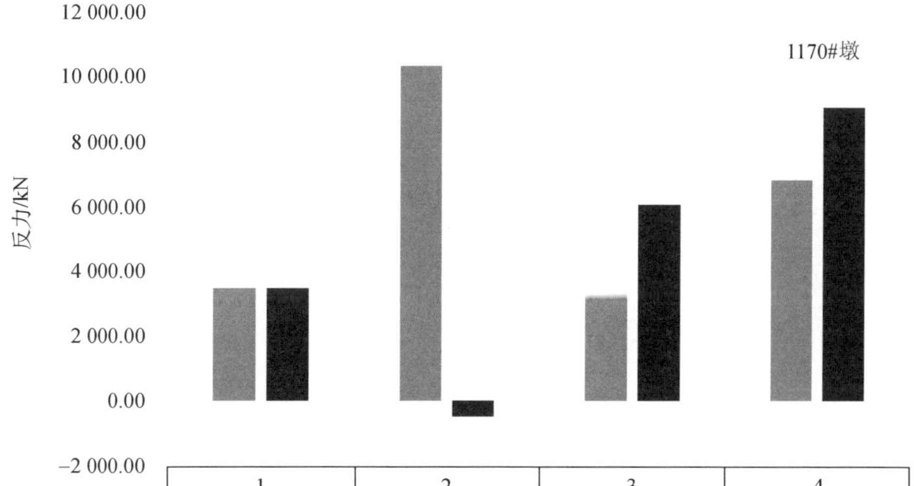

	1	2	3	4
■ 先次中墩落梁	3 470.49	10 320.77	3 257.09	6 782.23
■ 先中墩落梁	3 470.49	–505.22	6 031.97	9 040.63

图3-58　1170＃墩在不同落梁顺序各个阶段反力

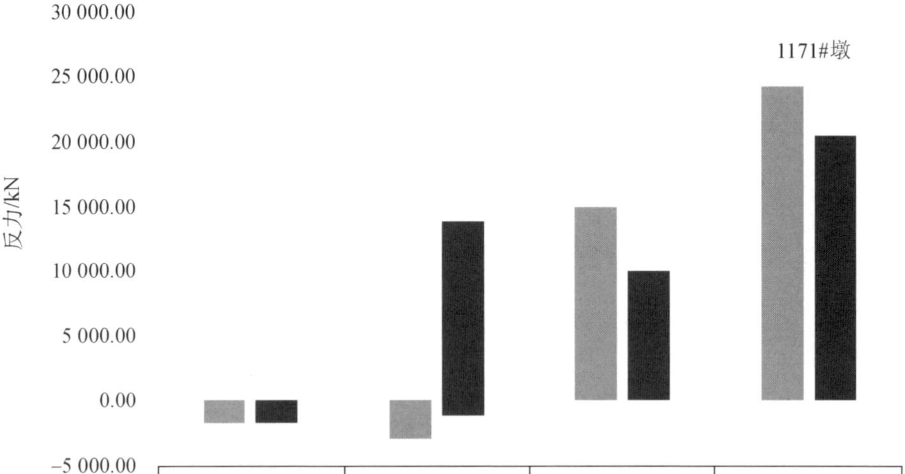

	1	2	3	4
先次中墩落梁	-1 766.33	-3 009.41	14 947.90	24 254.82
先中墩落梁	-1 766.33	1 383.11	10 016.43	20 559.04

图 3-59　1171＃墩在不同落梁顺序各个阶段反力

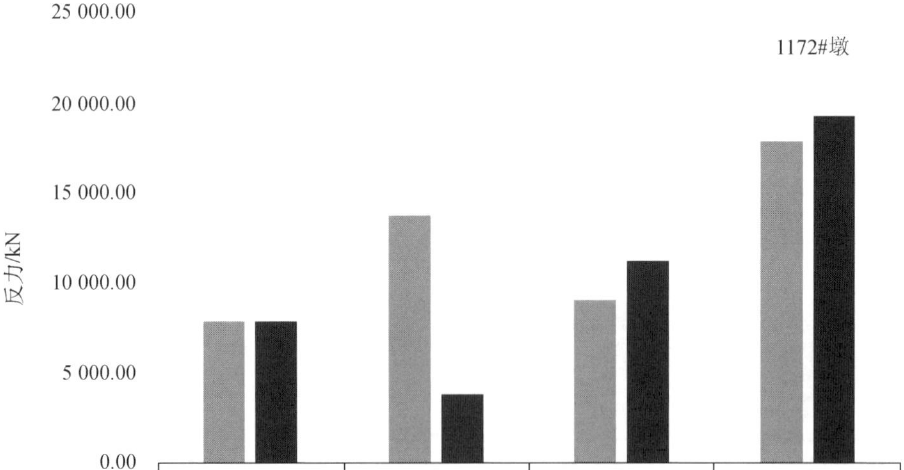

	1	2	3	4
先次中墩落梁	7 787.21	13 649.76	8 942.35	17 698.79
先中墩落梁	7 787.21	3 716.99	11 121.30	19 156.35

图 3-60　1172＃墩在不同落梁顺序各个阶段反力

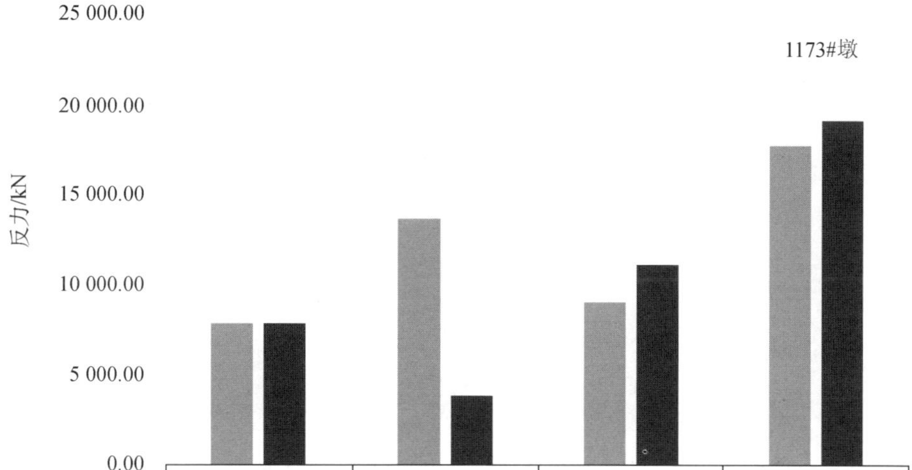

	1	2	3	4
■ 先次中墩落梁	7 787.21	13 594.35	8 950.59	17 698.35
■ 先中墩落梁	7 787.21	3 788.93	11 097.47	19 119.05

图 3-61　1173♯墩在不同落梁顺序各个阶段反力

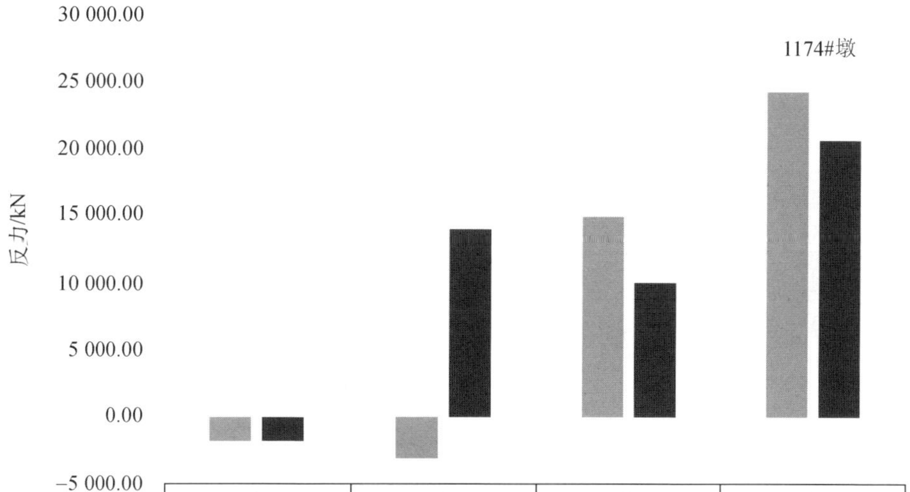

	1	2	3	4
■ 先次中墩落梁	−1 766.33	−3 061.15	14 942.56	24 252.79
■ 先中墩落梁	−1 766.33	13 957.15	10 027.92	20 572.76

图 3-62　1174♯墩在不同落梁顺序各个阶段反力

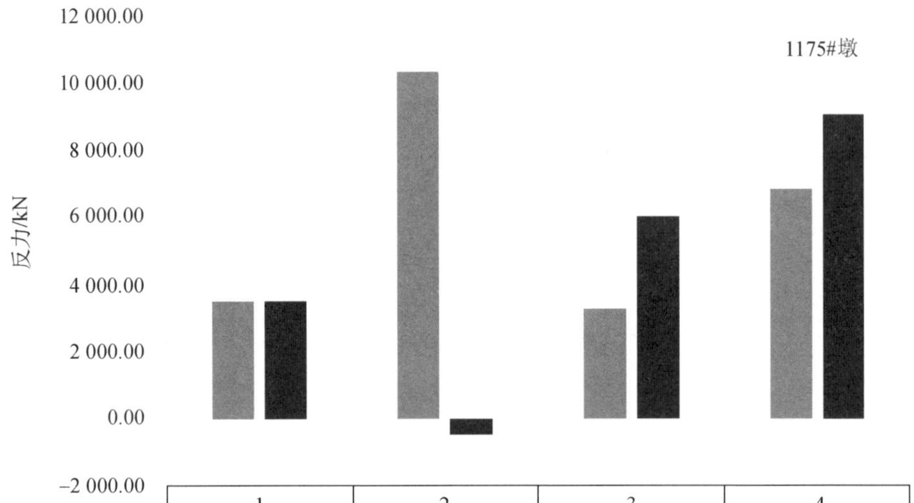

	1	2	3	4
先次中墩落梁	3 470.49	10 307.15	3 253.00	6 783.46
先中墩落梁	3 470.49	−519.43	6 024.32	9 039.90

图 3-63　1175＃墩在不同落梁顺序各个阶段反力

3. 交错落梁顺序对各墩顶的反力影响

采取先落中墩 30 cm、后落次中墩 20 cm、再落中墩 40 cm 的穿插落梁方式，观察分析各个施工阶段的反力情况。表 3-8 为在六个墩顶处的反力值。

表 3-8　三个不同落梁阶段各墩顶反力　　单位:kN

中墩	中墩落梁 30 cm	次中墩落梁 20 cm	中墩落梁 40 cm
1170＃	6 938.76	4 293.41	2 118.9
1171＃	5 782.82	14 107.56	5 677.77
1172＃	14 443.32	8 779.27	9 284.07
1173＃	14 416.71	8 733.86	9 375.45
1174＃	5 788.71	14 118.59	5 745.38
1175＃	6 935.07	4 290.4	2 104.66

表 3-9 为中墩落梁 70 cm、后次中墩落梁 20 cm 方案，在两次落梁完成后，六个墩顶的反力值。

表 3-9 两个不同落梁阶段各墩顶反力 单位:kN

中墩	次中墩落梁 70 cm	中墩落梁 20 cm
1170#	6 031.97	−505.22
1171#	10 016.43	13 883.11
1172#	11 121.30	3 716.99
1173#	11 097.47	3 788.93
1174#	10 027.92	13 957.15
1175#	6 024.32	−519.43

对比表 3-8、表 3-9,穿插落梁方案在任何落梁阶段都不产生负反力,先落中墩、后落次中墩的方式会在边墩产生较小的负反力,但是交错落梁的方式在前文的应力对比中会产生较大的拉应力,因此不提倡交错落梁的方式。

3.4.2 顶升量的控制取值方法研究

在上述分析过程中发现,混凝土的应力值均在设计值范围内,但是钢梁部分在次中墩和中墩顶升量分别为 40 cm 与 90 cm 的情况下,于中墩落梁完成后的下缘最大应力值超出了设计规范容许值。因此,有必要进一步分析顶升量的边界范围,以确保钢梁和混凝土桥面板的应力在任意施工阶段均在设计规范的容许范围内。

每个支座顶升量与支座单独顶升时的应力成正比关系,因此利用有限元软件,提取在每个支座分别顶升 10 cm 的应力值作为单元量,叠加后可以得出任意顶升量组合方案的应力值。古城特大桥的顶升过程为同步、对称,本节针对次中墩与中墩顶升量差为 50 cm, 40 cm, 20 cm 三个情况进行分析研究。

通用矩阵:

$$[N \quad M \quad M \quad N] \times \begin{bmatrix} AA & AB & AC & AD \\ BA & BB & BC & BD \\ CA & CB & CC & CD \\ DA & DB & DC & DD \end{bmatrix} = \begin{bmatrix} \sigma_1 \\ \sigma_2 \\ \sigma_3 \\ \sigma_4 \end{bmatrix}^{\mathrm{T}} \tag{3-1}$$

式中 A, B, C, D——1171#~1174#墩;

M, N——次中墩与中墩的顶升量(以 10 cm 为一个单位量);

m 墩,n 墩——在 m 墩顶升 10 cm,对于 n 墩顶处应力效应;其中,m 墩、n 墩均可分别取 A, B, C, D。

以 N 值为例,三种顶升量差情况下,钢梁部分的应力达到设计规范的容许值(220 MPa)时,次中墩与中墩对应的顶升量如表 3-10、表 3-11 所示。

表 3-10　钢梁上缘在三种顶升量差情况下的 *N* 值

顶升数据项	1171#墩	1172#	1173#	1174#
顶升差 50 cm	SAFE	5.34	5.33	SAFE
顶升差 40 cm	SAFE	5.34	5.32	SAFE
顶升差 20 cm	0.88	5.34	5.31	0.845

注:N 值以 10 cm 为一个单位。

表 3-11　钢梁下缘在三种顶升量差情况下的 *N* 值

顶升数据项	1171#墩	1172#	1173#	1174#
顶升差 50 cm	SAFE	SAFE	SAFE	SAFE
顶升差 40 cm	SAFE	SAFE	SAFE	SAFE
顶升差 20 cm	SAFE	SAFE	SAFE	SAFE

结果表明,钢梁的下缘部分较为安全,在顶升差为 50 cm, 40 cm, 20 cm 三种情况下,无论次中墩、中墩顶升量如何,钢梁的下缘应力都在设计值 220 MPa 范围内。钢梁的上缘应力为主要控制量,顶升差越小,对于顶升值的要求越严格。顶升量差为 20 cm 时,次中墩不可超过 8.45 cm,中墩则不可超过 48.45 cm;顶升量差为 40 cm 时,次中墩不可超过 53.1 cm,中墩不可超过 93.1 cm;顶升量差为 50 cm 时,次中墩不可超过 53.3 cm,中墩则不可超过 103.3 cm。可见,顶升差量为 20 cm 时,次中墩允许的顶升量过小,实际利用率不大,对于存储预压应力并不能起到较好的效果;顶升量差在 40～50 cm 之间为较优选择。

3.5　钢-混叠合梁的安装与顶升工艺

3.5.1　预顶升施工的主要工序

古城特大桥(5×50 m)钢-混结合连续梁,钢箱梁为工厂内分节段加工制作,现场支架法全焊接成型。采用支点位移法对支点混凝土桥面板施加预应力,并采用高配筋的方案来处理支点负弯矩的无预应力束体系施工工艺在我国高速铁路首次采用,属于国内首创项目。其总体施工工艺流程如图 3-64 所示。

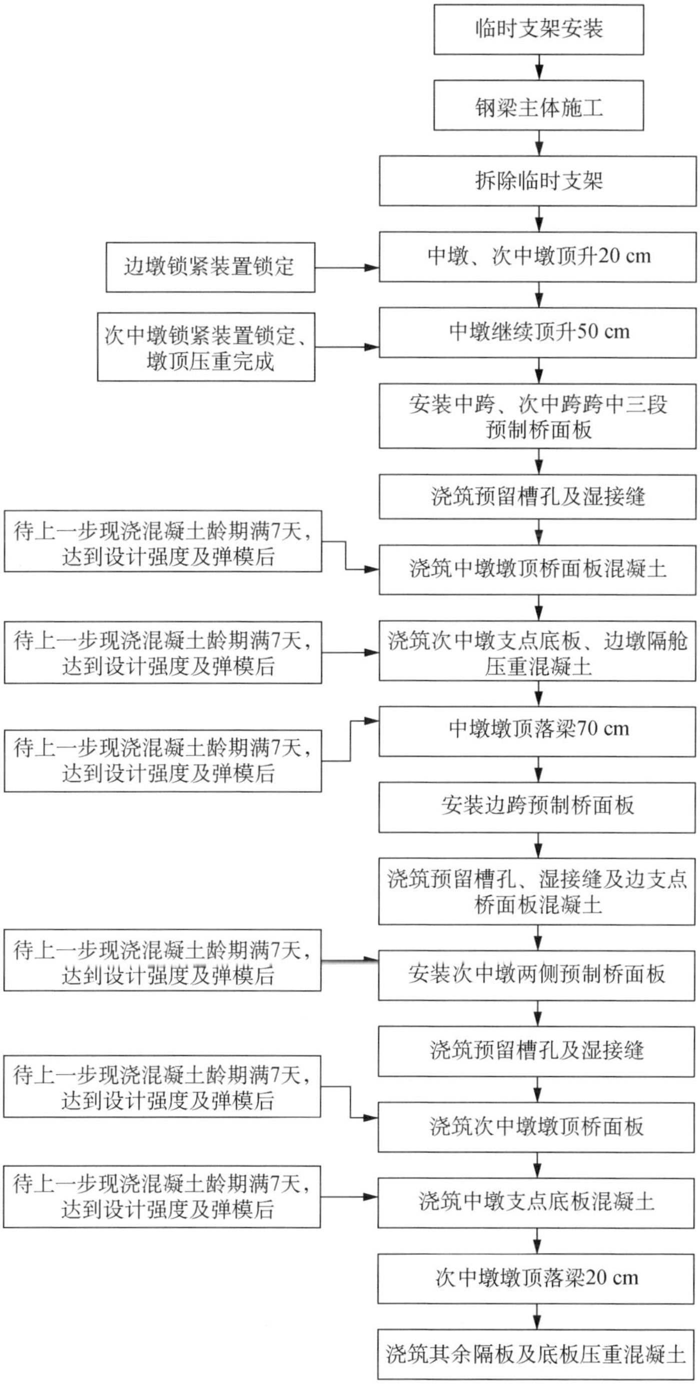

图 3-64　施工工艺流程图

3.5.2 施工方法

1. 钢梁临时支架安装

临时支架由两组支撑系组成，每组支撑系由 4 根Φ 529 mm×8 mm 的钢管组成；采用 DZ90 锤将钢管柱锤击插入土体，插入深度满足设计验算。钢管柱横向间距为 4 500 mm，中间采用Φ 219 mm×6 mm 钢管连接成整体。纵向钢管柱间距为2 000 mm，中间采用槽钢⊏ 16# 连接成整体。钢管柱上方搭设双拼工字型钢 I40a 作为横梁，横梁上设置 I20a 调节工字型钢，并采用不同厚度的钢垫板来控制好梁底标高。全桥共计 25 组临时支架。

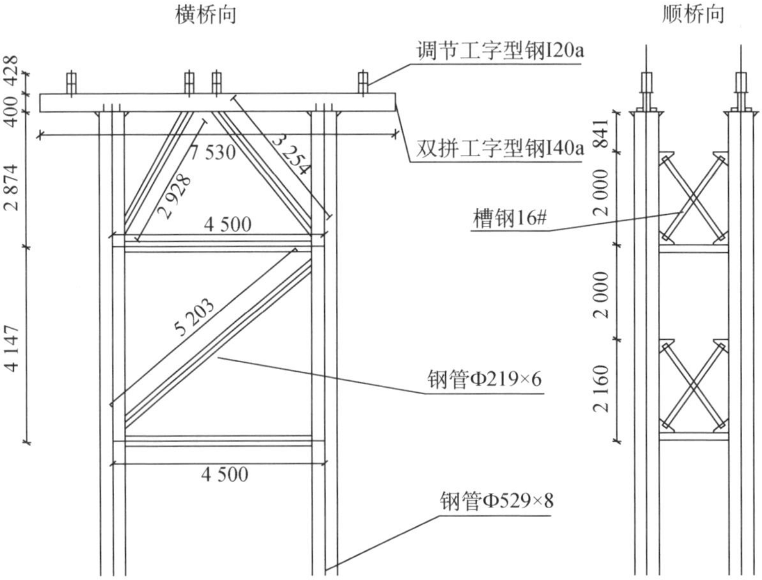

图 3-65 临时支架示意图(单位:mm)

图 3-66 临时支架施工

临时支架施工完成后进行预压，预压配重按最重梁段的1.2倍进行。分三级（60%，100%，120%）加载，每隔4 h进行测量，连续两次测量沉降量趋于稳定后方可进行下级加载。

临时支架施工全部完成后进行涂装防锈蚀处理，如图3-67所示。

图3-67　临时支架防锈蚀涂装

2. 钢梁主体施工

钢梁总长为253.5 m，顶面宽7.4 m，高为3.585 m。为满足钢梁运输、吊装的需要，将钢梁纵向分解为26个节段，横向分解为左右两幅，总计为52个梁段。梁段进行现场吊装，全焊接方式连接，如图3-68、图3-69所示。

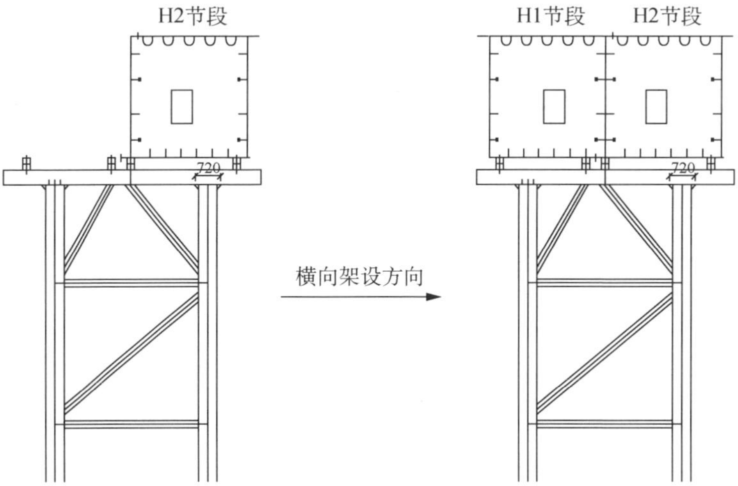

图3-68　钢梁吊装架设示意图

图 3-69　钢梁吊装架设

钢梁节段首先通过支架上的定位角钢进行粗定位，然后通过全站仪放样进行精确定位调整。调整至设计位置后进行定位码板焊接，纵横向主焊缝采用二氧化碳气体保护焊进行全熔透焊接，焊接质量达到一级焊缝要求。为保证焊接质量，在二氧化碳气体保护焊施焊部位设置挡风设施，如图 3-70 所示。

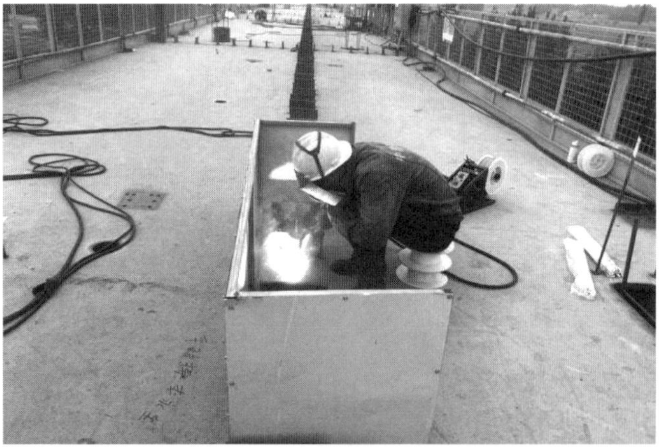

图 3-70　钢梁现场焊接

底板、中腹板对接焊及部分顶板 U 形肋、底腹板水平加劲肋顶需要在箱内焊接，由于顶板、边腹板、底板等已焊接完成，箱内形成一密闭空间，焊接作业难度大、风险高。为改善施工作业环境、降低施工风险，经与相关单位协商，决定进行设计优化，在钢梁顶面开设通风作业孔，如图 3-71、图 3-72 所示。

图 3-71 钢梁工艺开孔

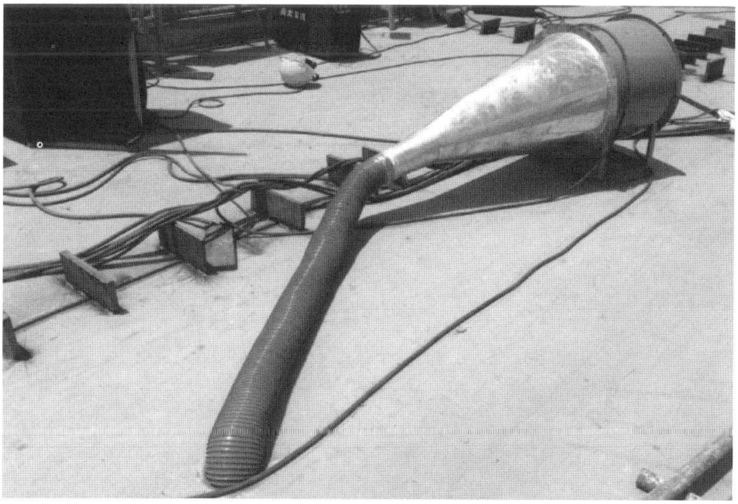

图 3-72 钢梁通风设备

3. 顶梁施工

1）顶梁准备工作

（1）安装锁紧装置。锁紧装置采用Φ 50 精轧螺纹钢预埋在墩身内，长度为 1.5 m，确保锚固安全；锁紧盒下方穿入精轧螺纹钢处开椭圆孔，内垫板粘贴聚四氟乙烯板，允许钢梁顺线路方向伸缩，锁紧盒上方开坡口，与钢梁底板熔透焊接，如图 3-73 所示。

图 3-73 锁紧装置

(2) 拆除临时支架。顶梁作业前，先割掉临时支架上的调节工钢，使钢梁与临时支架完全分离、钢梁处于多跨连续梁受力状态。

2) 中墩、次中墩顶梁 20 cm

顶梁前边墩锁紧装置锁定完成，中墩、次中墩 4 个墩同步顶升，每个墩上配置 4 个千斤顶，4 个千斤顶由 1 台泵站控制，4 个泵站串联布置，由 1 台主泵站同步控制，确保同步顶升，如图 3-74—图 3-77 所示。

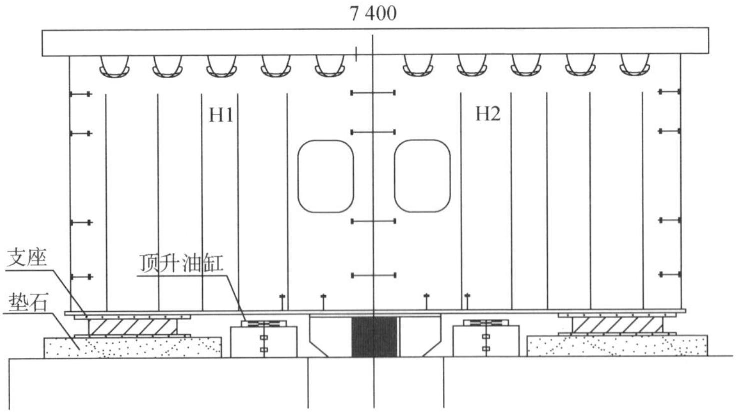

图 3-74 千斤顶布置立面图

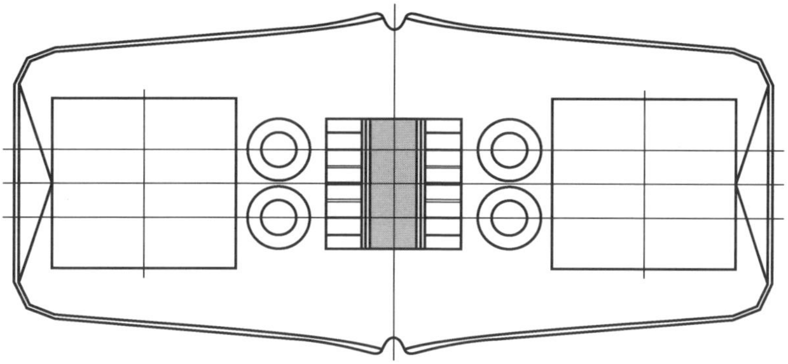

图 3-75　千斤顶布置平面图

图 3-76　千斤顶布置

图 3-77　泵站布置

整体的顶梁步骤为：分四次顶升，每次顶升高度为 5 cm。

(1) 操作各墩顶液压油缸，使每个油缸都初步带压。

(2) 带压 5 分钟，各墩人员检查液压系统和油缸，是否有漏油、压力表压力下降等情况。有问题应及时汇报，一切正常后四个桥墩同时起顶，一次起顶高度为 60 mm。达到 60 mm 后停止起顶，将油缸保险捆向上拧，在支座上放置 5×10 mm 厚垫板，实现第一次 50 mm 的顶升。

(3) 将油缸保险扣向下拧，油缸同步下落，在油缸顶抄垫 5×10 mm 厚垫板，千斤顶第二次向上顶梁 60 mm，再向支座上抄垫 5×10 mm 垫板，实现第二次 50 mm 的顶升。

(4) 重复此步骤，平稳、安全地实现 4 次顶梁过程。

顶梁 20 cm 示意如图 3-78 所示。

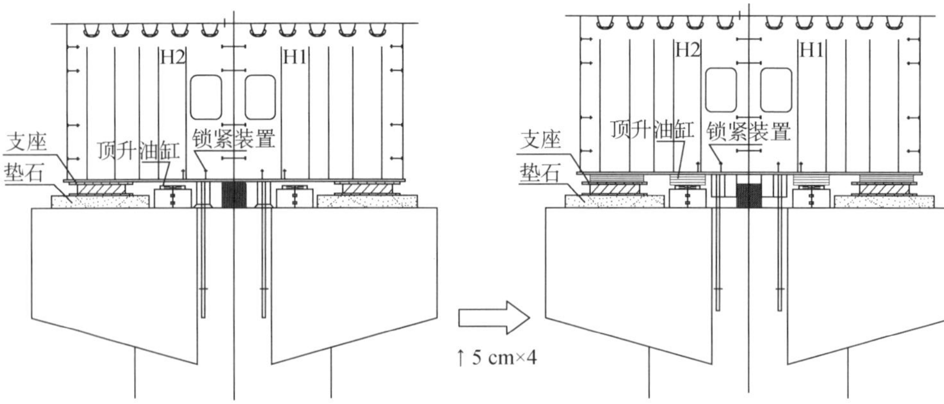

图 3-78 顶梁 20 cm 示意

3) 中墩继续顶升 50 cm

顶梁前次中墩锁紧装置锁定完成，每个次中墩钢梁顶面配置两块预制板作为压重，采取拉压结合方式确保次中墩处的反拉力，以免发生梁底脱空。

中墩继续顶梁 50 cm，分十次顶升，每次顶升 5 cm，操作过程与第一节段顶梁一致，如图 3-79 所示。

顶梁过程中注意事项：细化节点，分阶段施工，加强过程控制，节点校核，发现偏差及时分析原因，采取调整措施，避免出现累计偏差而超出设计允许范围。

应力扩散装置：为扩散应力，避免出现应力集中破坏，分别在千斤顶上、下方各配置一块直径 80 cm、厚 2 cm 的垫板。上垫板与钢梁进行围焊连接，下垫板

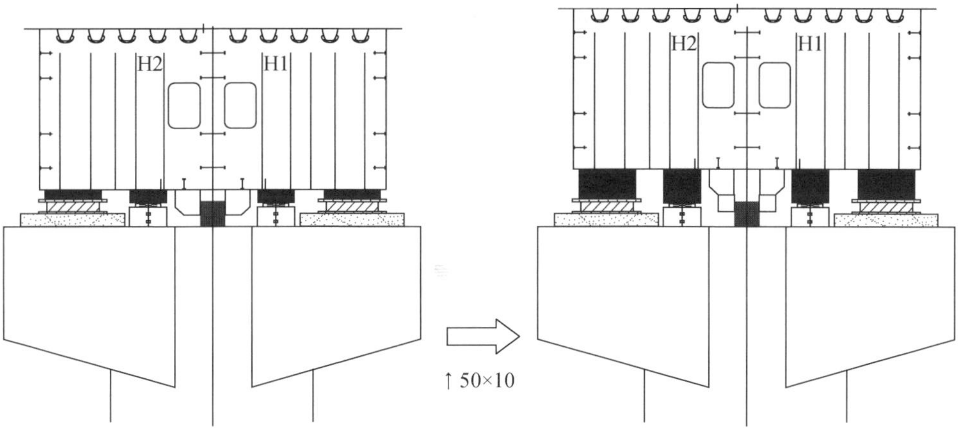

图 3-79 中墩继续顶梁 50 cm

图 3-80 顶落梁垫板

放置与墩顶上，墩顶与下垫板接触范围内打磨平整，如图 3-80 所示。

顶落梁位移控制：顶升过程中，采取交替在千斤顶顶部与支座下方抄垫垫板的方式进行。配置 2 cm，1 cm，5 mm，3 mm 等不同厚度的抄垫板，保证抄垫标高误差控制在 3 mm 以内，如图 3-81 所示。

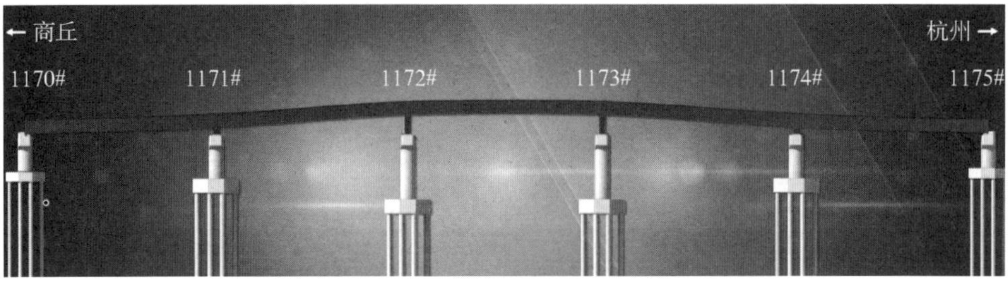

图 3-81　顶梁完成后梁体姿态

4. 安装预制桥面板

钢-混结合梁桥面板分为预制桥面板和现浇桥面板，在墩顶负弯矩区设置为现浇桥面板，现浇桥面板通过钢梁顶面焊接剪力钉连接；跨中设置为预制桥面板，预制板通过环氧树脂砂浆与钢梁连接，如图 3-82 所示。

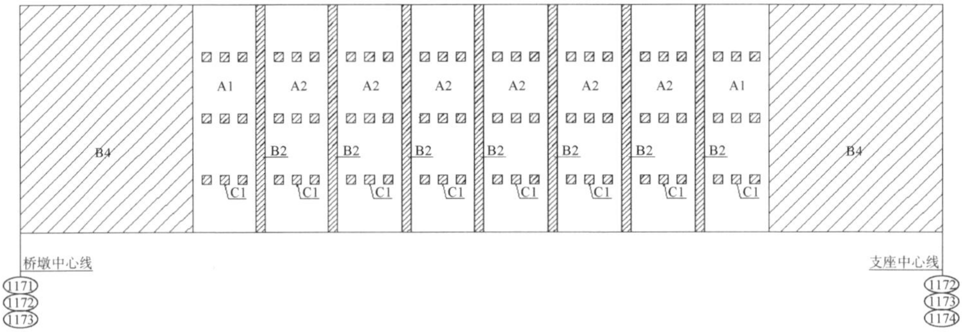

图 3-82　桥面板布置示意图

钢梁顶升至设计标高后，开始分段施工桥面板。首先安装中跨跨中 8 块和两个次中跨各 4 块预制桥面板，如图 3-83 所示。

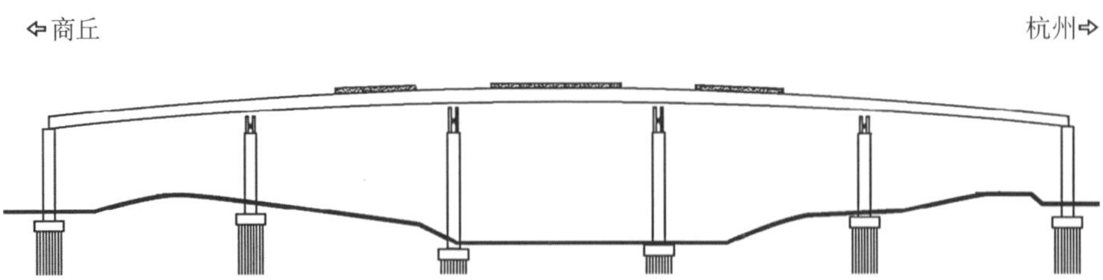

图 3-83　中跨及次中跨预制桥面板安装施工布置图

5. 湿接缝施工

相邻两块预制桥面板之间为 50 cm 宽的湿接缝，预制桥面板安装完成后，调整预制板伸入湿接缝内的钢筋并进行搭接焊，焊接长度不少于 30 cm。焊接湿接缝剪力钉、安装湿接缝钢筋，然后浇筑预制板预留槽口及湿接缝混凝土，如图 3-84—图 3-86 所示。

图 3-84　湿接缝钢筋调整

图 3-85　湿接缝钢筋焊接

图 3-86　湿接缝剪力钉焊接

6. 墩顶现浇桥面板施工

结合连续梁在墩顶处桥面板受负弯矩，采用支点位移法对墩顶现浇混凝土施加预压应力。待上一步预留槽口及湿接缝混凝土龄期满 7 天，达到设计强度及弹模后，浇筑中墩墩顶现浇桥面板，如图 3-87 所示。

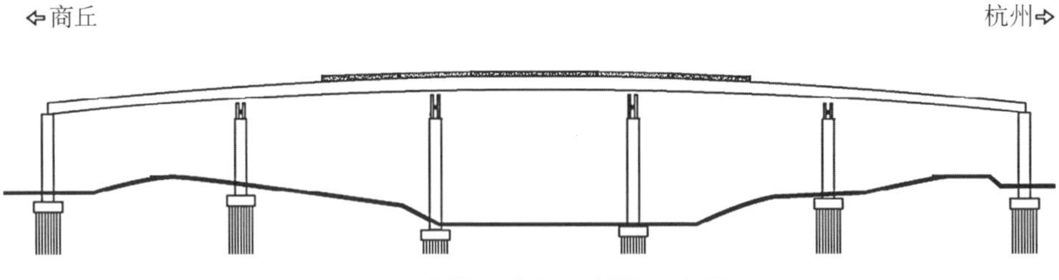

图 3-87　中墩现浇桥面板施工布置图

钢梁顶板上焊接剪力钉以加强现浇混凝土桥面板与钢梁连接。采用 RSN-2500 型焊机将剪力钉焊接于钢梁顶面，在焊接前根据设计图放样剪力钉位置，并进行打磨除锈处理，确保剪力钉焊接质量，如图 3-88—图 3-90 所示。

图 3-88　剪力钉焊接施工

图 3-89　现浇段钢筋施工

图 3-90 现浇段混凝土施工

7. 压重混凝土施工

待上一步中墩现浇桥面板混凝土龄期满 7 天，达到设计强度及弹模后，浇筑边墩隔舱压重混凝土及次中墩支点对应位置钢箱梁内底板压重混凝土，如图 3-91 所示。

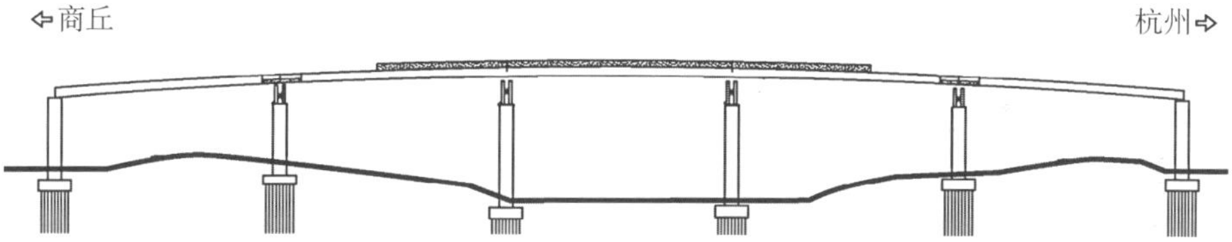

图 3-91 边墩隔舱、次中墩底板压重混凝土施工布置图

8. 落梁施工

待上一步混凝土龄期满 7 天、达到设计强度及弹性模量后，进行中墩落梁施工，落梁高度 70 cm，如图 3-92、图 3-93 所示。

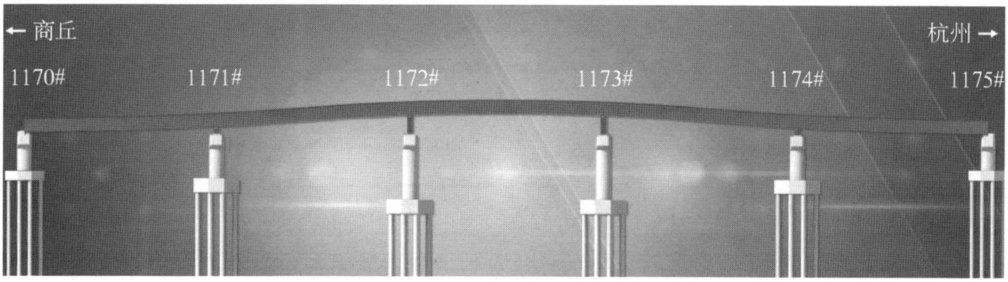

图 3-92 落梁前梁体姿态

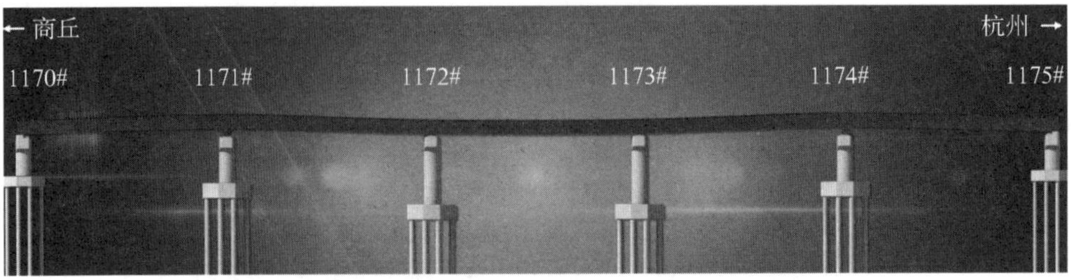

图 3-93 落梁到位后梁体姿态

9. 安装边跨预制桥面板及现浇边支点桥面板

中墩落梁 70 cm 后，安装两侧边跨各 5 块预制桥面板。具体施工过程与第一次安装的 16 块预制桥面板一致，然后浇筑预制板预留槽口、湿接缝及边墩支点桥面板混凝土，其施工布置如图 3-94 所示。

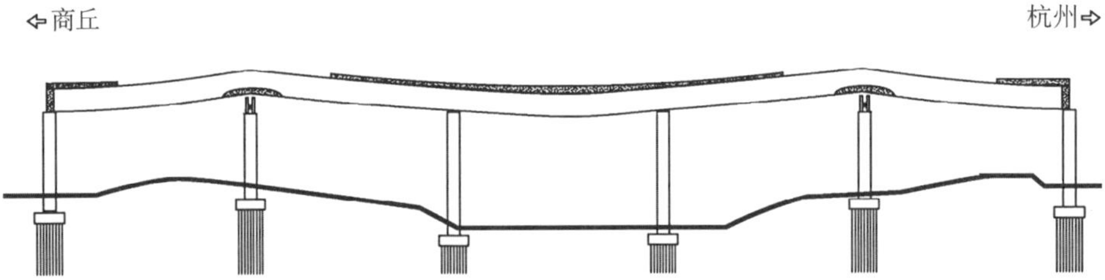

图 3-94 边支点预制桥面板及现浇桥面板施工布置图

10. 安装次中墩两侧预制桥面板

待上一步边支点现浇桥面板混凝土龄期满 7 天、达到设计强度及弹性模量后，安装次中墩两侧 4 段共计 16 块预制桥面板，然后浇筑预制板预留槽口及湿接缝混凝土，其施工布置如图 3-95 所示。

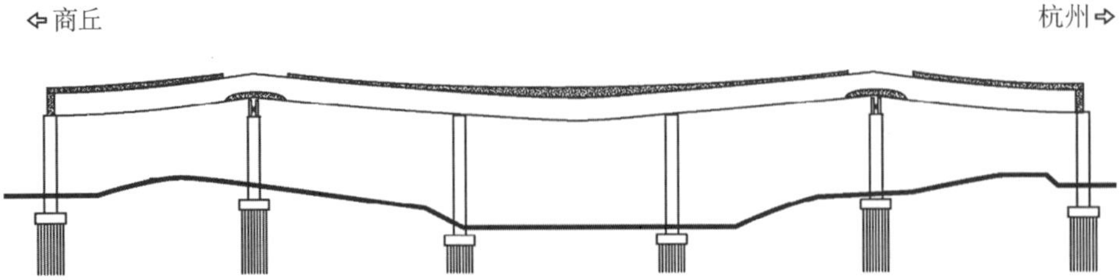

图 3-95 次中墩两侧预制桥面板安装施工布置图

11. 浇筑次中墩墩顶桥面板

待上一步预制板预留槽口及湿接缝混凝土龄期满 7 天、达到设计强度及弹性模量后，浇筑次中墩墩顶桥面板混凝土，具体施工过程与中墩墩顶桥面板施工过程一致，其施工布置如图 3-96 所示。

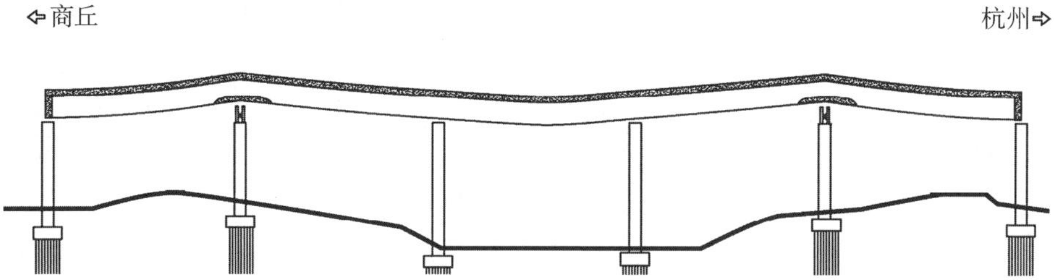

图 3-96 次中墩墩顶现浇桥面板施工布置图

12. 浇筑中墩支点底板压重混凝土

待上一步次中墩墩顶桥面板混凝土龄期满 7 天、达到设计强度及弹性模量后，浇筑中墩支点底板压重混凝土，其施工布置如图 3-97 所示。

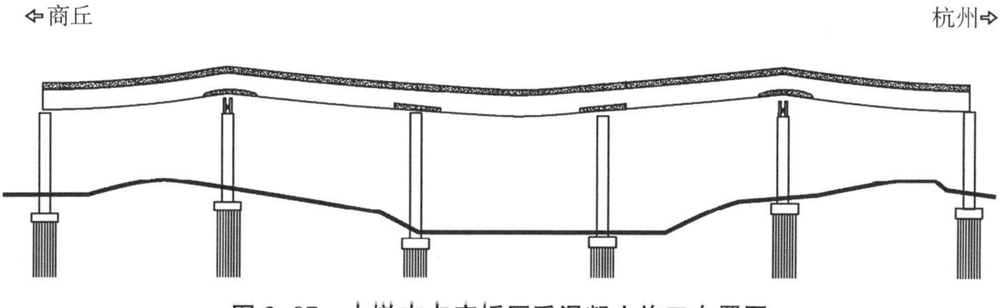

图 3-97 中墩支点底板压重混凝土施工布置图

13. 次中墩落梁 20 cm

(1) 待上一步中墩支点底板压重混凝土龄期满 7 天、达到设计强度及弹性模量后，进行次中墩落梁施工，落梁高度 20 cm。

(2) 落梁时应注意事项：

① 落梁前检查支座锚栓与垫石预留孔位置，确保落梁过程中支座锚栓可以顺利进入垫石预留孔内。

② 落梁前拆除托架及模板，保证梁体在下落过程中不受约束。并对现场同条件养护试件进行检测，保证龄期不少于 7 天，达到设计强度及弹性模量。

如图 3-98—图 3-100 所示。

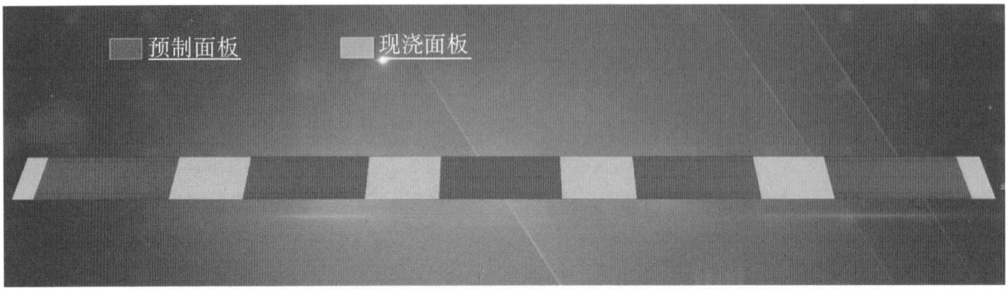

图 3-98　桥面板施工完成

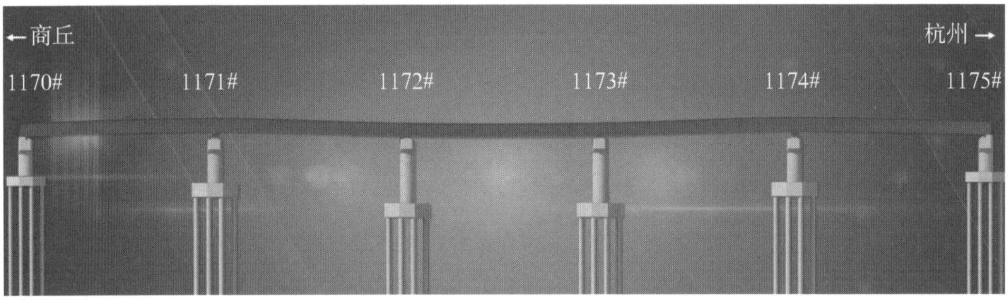

图 3-99　落梁前梁体姿态

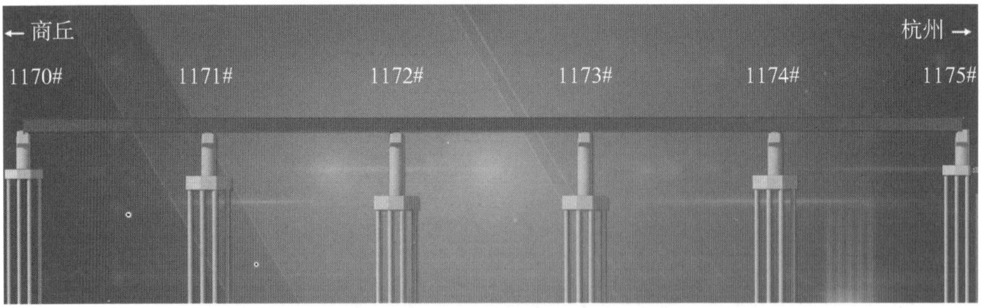

图 3-100　落梁完成后成桥姿态

14. 浇筑钢梁内其余隔舱及底板压重混凝土

落梁完成后，浇筑钢梁内其余隔舱及底板压重混凝土，其施工布置如图 3-101 所示。

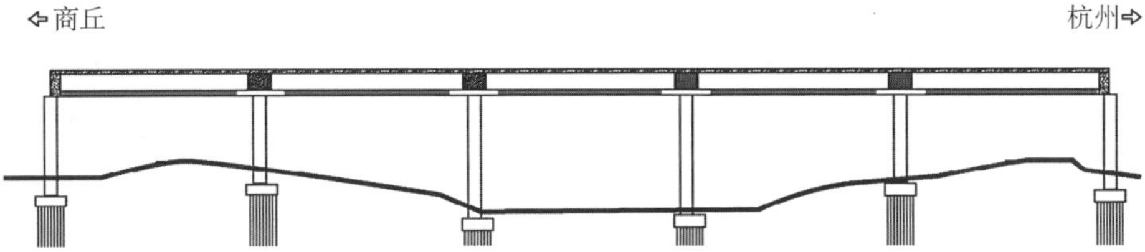

图 3-101　其余隔舱及底板压重混凝土施工布置图

3.5.3　施工重难点控制

古城特大桥(5×50 m)施工中重点、难点等控制要点较多，主要体现在以下几个方面。

1. 钢箱梁密闭空间焊接技术

古城特大桥(5×50 m)钢-混结合连续梁钢箱梁部分为单箱双室，每 4 米设一道横隔板，内部基本呈密闭空间。通风效果差、焊接难度高、危险性大。

经设计单位同意，在顶板应力较小处的 U 形肋中间开始工艺孔。以便于人、材及小型焊机通行，并安装通风设备进行机械通风，以排除内部空间焊接产生的有毒有害气体。

图 3-102　钢梁内部照片

2. 顶落梁技术

顶落梁技术是古城特大桥(5×50 m)钢-混结合连续梁施工技术的关键技术之一，其施工操作部分在前面已有所述，此处主要说明顶梁标高、顶力数据关系，在施工前进行方案评审时已明确以标高控制为主、顶力数据为辅的原则，但当发现数据出现明显偏差时应立即停止施工，查明原因，明确解决办法后方可继续施工。

如中墩继续顶升 50 cm 步骤施工时，设计给出参数“1172＃墩，1173＃墩千斤顶顶力为 7 535 kN，1171＃墩、1174＃墩千斤顶反力为拉力，拉力为 1 937 kN；1170 号墩，1175 号墩支座反为 3 331 kN”，但实际施工时当钢梁顶升 50 cm 完成时，千斤顶顶力会与设计有 10％左右偏差，经与设计单位反馈查明造成偏差原因为实际施工与设计建模会有部分偏差，如钢梁临边防护等荷载建模未考虑、锁紧装置产生的约束条件也不会与建模完全一致，偏差属于正常范围，可以继续施工。

3. 环氧树脂砂浆

因设计未明确环氧树脂砂浆的具体设计指标，在环氧树脂砂浆施工前进行了大量的选型试验工作，并在建设单位的组织下召开专家评审会，最终决定结合港珠澳大桥环氧树脂砂浆指标及相应试验结果配置专用结构树脂砂浆。

3.5.4 临时锁定工艺

古城特大桥预顶升施工过程中，为避免梁底出现脱空而采用了临时锁紧装置。锁紧装置采用Φ 50 精轧螺纹钢预埋在墩身内，长度为 1.5 m，确保锚固安全；锁紧盒下方穿入精轧螺纹钢处开椭圆孔，内垫板粘贴聚四氟乙烯板，允许钢梁顺线路方向伸缩，锁紧盒上方开坡口，与钢梁底板熔透焊接。

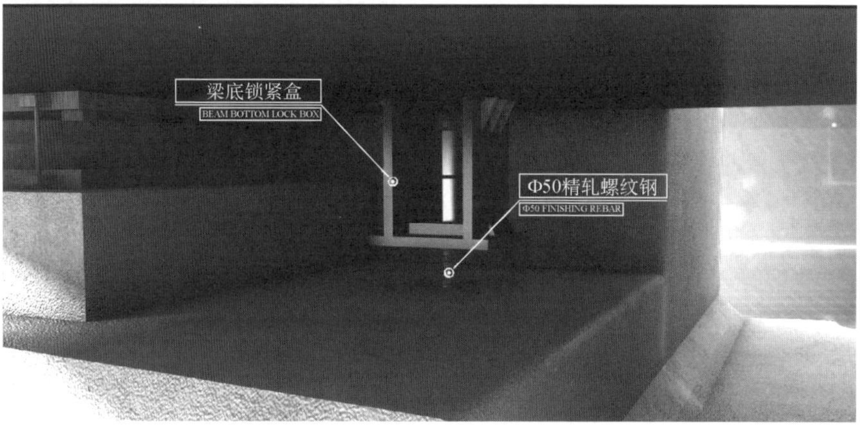

图 3-103　临时锁紧装置

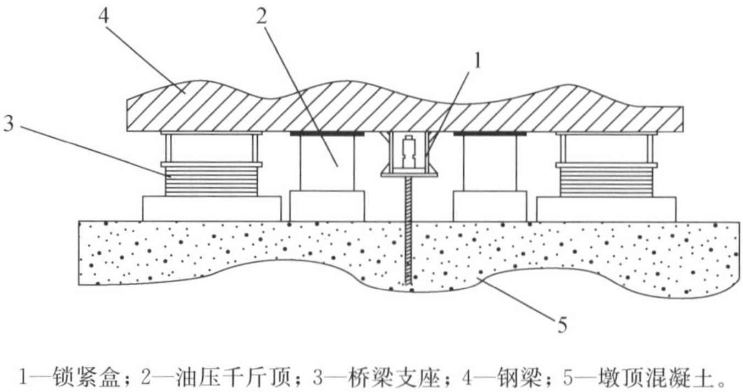

1—锁紧盒；2—油压千斤顶；3—桥梁支座；4—钢梁；5—墩顶混凝土。

图 3-104　临时锁定装置布置示意图

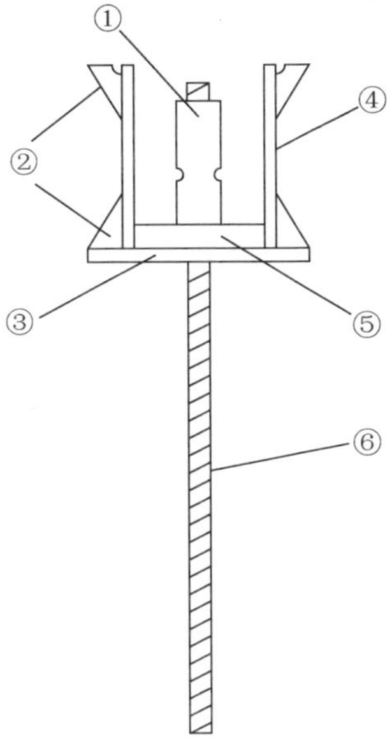

①—锚固端头；
②—侧板加劲肋；
③—底板；
④—侧板；
⑤—底板加劲肋；
⑥—锚固钢筋。

图 3-105 临时锁定装置构造示意图

3.6 本章小结

本章对预顶升钢-混叠合梁桥施工过程中的关键技术进行了以下探究：

(1) 详细阐述了钢-混叠合梁桥钢主梁的加工工艺与工法，提出了钢-混叠合梁制造过程中的指令指标容许偏差，建立了完善的钢-混叠合梁标准化制造与质量控制体系。

(2) 针对顶升施工过程中不同顶升量组合、不同落梁顺序对结构整体受力的影响，开展了参数化分析、比较与优化，得到了最优的预顶升施工方案。

(3) 基于参数化分析进行理论推导等工作，得到了最优顶升量的控制取值方法。

(4) 结合最优顶升工艺，确保施工可行、安全可控，探讨了钢叠混合梁的安装与顶升工艺，建立了完善的设备、工序、工法以及质量监控技术体系。

4　高速铁路钢-混叠合梁桥薄层环氧树脂砂浆施工工艺研究

在钢-混叠合梁组合结构中，如何通过混凝土桥面板与钢主梁间的有效连接，形成可靠的组合截面，是关系到混凝土、钢材两种材料能否充分发挥各自性能特点，结构整体刚度能否实现设计目标，进而能否体现出叠合梁结构性能优势的重要因素，同时也对结构的使用寿命有着较大的影响。

古城特大桥同时采用了预制桥面板与现浇桥面板，其中，预制桥面板除通过预留的剪力槽口与钢主梁连接外，还通过薄层环氧树脂砂浆实现了与钢主梁的良好黏结。通过这种连接形式，提高了预制桥面板在各项荷载作用下的受力性能，从而也进一步改善了钢-混叠合梁的整体受力性能。

古城特大桥大面积的薄层环氧树脂砂浆摊铺施工在我国时速 350 km/h 的高速铁路建造中首次使用，缺少可以借鉴的工程实践经验。因此，本章将从环氧树脂砂浆的选型与配合比、薄层摊铺施工设备与薄层摊铺施工工艺三个方面，介绍高速铁路钢-混叠合梁桥薄层环氧树脂砂浆施工工艺体系，总结固化相关技术经验，以期为日后类似工程的建设提供参考。

4.1　环氧树脂砂浆的选型与配合比研究

4.1.1　环氧树脂砂浆揭板试验

由于环氧树脂砂浆为首次在国内时速 350 km/h 的高速铁路桥梁中使用，缺少具体的性能指标。为保证现场施工的有序、顺利开展，解决施工过程中可能出现的各种问题，在前期对环氧树脂砂浆的配合比开展了多次揭板试验。下面以其中一次揭板试验为例，简述环氧树脂砂浆揭板试验的具体过程。

1. 试验前准备

(1) 试验用钢板。试验所用钢板按照规格不同分为两种：2 m×2.02 m 钢板及 7.6 m×3.5 m 钢板各一块。其中，2 m×2.02 m 钢板如图 4-1 所示，其 2.02 m 长边粘贴 5 cm 宽、1.7 cm 高的橡胶条，另两侧则采用方木，以防止环氧树脂砂浆渗出；7.6 m×3.5 m 钢板如图 4-2 所示，长边方向焊接有 5 cm 高的薄钢板，另两侧粘贴 5 cm 宽、1.7 cm 高的橡胶条。

图 4-1　2 m×2.02 m 试验用钢板

图 4-2　7.6 m×3.5 m 试验用钢板

(2) 试验用混凝土板。试验所用混凝土板按照规格不同分为两种：2 m×2 m×0.415 m 混凝土板及 6.5 m×3.5 m×0.415 m 混凝土板各一块。

(3) 试验机械。100 t 汽车吊一台；500 型砂浆搅拌机两台(一台留作备用)，搅拌筒叶片距筒壁距离为4 mm；叉车一台。

(4) 试验材料。环氧树脂砂浆甲料、乙料各 50 桶。其中，甲料规格为 15 kg/桶，乙料规格为 5 kg/桶。

图 4-3　2 m×2 m×0.415 m 试验用混凝土板

图 4-4 环氧树脂砂浆甲料

图 4-5 环氧树脂砂浆乙料

2. 2 m×2.02 m 小板试验

(1) 投料。投料前事先将料桶打开。现场采用人工投料,1 人提料,3 人倒料,1 人记录料桶数量以保证砂浆配合比。投料一次完成,先投入甲料 7 桶(共 105 kg),后投入乙料 7 桶(共 35 kg),如图 4-6、图 4-7 所示。

图 4-6 投料

图 4-7 摊铺

(2) 搅拌。启动搅拌机进行搅拌,搅拌时间不少于 8 min。

(3) 出料及摊铺。将环氧树脂砂浆摊铺至试验用钢板上。现场采用人工摊铺,2 人倒料,3 人摊铺。实际试验过程中,观察到摊铺后的环氧树脂砂浆表面气泡较多，使用干净的塑料材质管帚轻扫砂浆表面以消除气泡。

(4) 坐浆。采用坐浆法将试验用混凝土板粘接至摊铺后的环氧树脂砂浆层上。

3. 7.6 m×3.5 m 大板试验

本次试验制备了两批次的环氧树脂砂浆。

1) 第一批次的环氧树脂砂浆制备过程

第一批次的环氧树脂砂浆制备过程如下所述：

(1) 第一次投料。投料前事先将料桶打开，现场采用人工投料，1 人提料，3 人倒料，1 人记录料桶数量以保证砂浆配合比。先投入了甲料 15 桶(共 225 kg)，后投入了乙料 15 桶(共计 75 kg)。

(2) 第一次搅拌。启动搅拌机，搅拌机倒转进行搅拌。

(3) 第二次投料。第一次搅拌结束后，向搅拌机内再次投料，3 人倒料，1 人提料，1 人记录料桶数量。先投入了甲料 6 桶(共 90 kg)，后投入了乙料 6 桶(共 30 kg)。

(4) 第二次搅拌。第二次投料完成后立即搅拌，搅拌机先倒转后正转。

2) 第二批次的环氧树脂砂浆制备过程

(1) 投料。投料前事先将料桶打开，现场采用人工投料，1 人提料，4 人倒料，1 人记录料桶数量以保证砂浆配合比。先投入了甲料 22 桶(共 330 kg)，后投入了乙料 22 桶(共 110 kg)。

(2) 搅拌。搅拌器按照“反转—正转—反转—正转”的顺序进行搅拌。

两批次的环氧树脂砂浆制备完成后，分别进行出料、摊铺及坐浆，方法与小板试验相似。最后，使用二甲苯对搅拌机进行清洗。

4.1.2 环氧树脂砂浆性能与选型

古城特大桥结合高速铁路钢-混叠合梁桥的性能需求，通过市场调查、揭板试验及委外检测等方法，对不同种类的环氧树脂砂浆性能进行了比较。

1. RJ-55 环氧树脂砂浆

经过揭板试验，得到 RJ-55 环氧树脂砂浆在不同配合比下的试验性能指标如表 4-1 所示。

表 4-1 RJ-55 环氧树脂砂浆试验性能指标

序号	配合比例(质量比)			抗折强度值/MPa		抗压强度值/MPa		凝结时间/min	
	甲剂	乙剂	粉剂	7 d	28 d	7 d	28 d	初凝	终凝
1	3	1	17	3.7	6.4	16.7	55.8	254	325
2	3	1	18	6.6	8.3	44.9	56.9	200	367
3	3	1	19	3.8	7.7	45.1	58.6	216	385
4	3	1	20	5.7	7.7	47.2	52.1	167	202
5	3	1	22	4	8.4	18.5	57.6	154	210

试验数据表明,RJ-55 环氧树脂砂浆的 7 天抗压强度偏低,平均初凝时间为 3.5 h 左右,不能满足现场预制混凝土桥面板精确定位及安装的施工时间需求。同时,经试验发现该种环氧树脂砂浆为脆性材料,且与钢板的黏结力极低,在实际施工时极有可能由于钢梁的顶升与回落而发生断裂,无法有效保证预制混凝土桥面板与钢梁的黏结质量,如图 4-8 所示。

图 4-8 RJ-55 环氧树脂砂浆与预制混凝土桥面板接触面的外观质量

2. RG 环氧树脂砂浆

经揭板试验与委外检测,得到 RG 环氧树脂砂浆甲剂与乙剂的配合比(质量比)为 3∶1 时的性能指标如表 4-2 所示。

表 4-2　RG 环氧树脂砂浆性能指标

序号	项目		性能指标
1	7 d 抗压强度/MPa		103.4
2	劈裂抗拉强度/MPa		7.4
3	与混凝土正拉黏结强度		2.8 MPa，且为混凝土内聚破坏
4	与钢板正拉黏结强度/MPa		10.4
5	抗渗压力/MPa		>2.5
6	电通量/C		287
7	凝结时间/min	初凝	300
		终凝	600

RG 环氧树脂砂浆的 7 d 抗压强度较高，初凝时间在 5 h 左右，能够满足现场预制混凝土桥面板精确定位及安装的施工时间需求。这种环氧树脂砂浆为韧性材料，经揭板试验发现其与钢板的黏结力较大，如图 4-9 所示。

图 4-9　RG 环氧树脂砂浆与预制混凝土桥面板接触面的外观质量

3. JGN 环氧树脂砂浆

经委外检测，得到 JGN 环氧树脂砂浆甲剂与乙剂的配合比（质量比）为 3∶1 时的性能指标如表 4-3 所示。

表 4-3　JGN 环氧树脂砂浆性能指标

序号	项目		技术要求	性能指标	指标评定
1	抗拉强度/MPa	7 d	≥7	32.0	合格
		28 d		38.5	合格
2	受拉弹性模量/MPa	28 d	≥3 500	3 520.7	合格
3	伸长率	28 d	≥1.3	1.3	合格
4	抗压强度/MPa	7 d	≥70	83.8	合格
		28 d		96.6	合格
5	抗弯强度/MPa	7 d	≥45	53.2	合格
		28 d		63.7	合格
6	钢-钢拉伸抗剪强度标准值/MPa	7 d	≥15	16.1	合格
		28 d		17.6	合格
7	钢-钢黏结抗拉强度/MPa	7 d	≥33	36.8	合格
		28 d		39.9	合格
8	与混凝土正拉黏结强度/MPa	7 d	≥3.6,且为混凝土内聚破坏	3.7,且混凝土内聚破坏	合格
		28 d		3.9,且混凝土内聚破坏	合格
9	与钢板正拉黏结强度/MPa	7 d	≥5	6.3	合格
		28 d		8.4	合格
10	不挥发物含量/%		≥99	99.3	合格
11	收缩性能/%	7 d	≤0.15	0.06	合格
		28 d		0.08	合格
12	耐湿热老化能力(水煮法)/%	与室温短期试验结果相比,抗剪强度降低率	≤12	下降 5.2	合格
13	耐热老化能力/%	与同温度 10 min 短期试验结果相比,抗剪强度降低率	≤5	下降 3.3	合格
14	耐冻融能力/%	−25～35 ℃冻融循环 8h,50 次后抗剪强度降低率	≤5	下降 3.4	合格

与 RG 环氧树脂砂浆相比，JGN 环氧树脂砂浆的 7 d 抗压强度及与钢板正拉黏结强度性能指标有所降低，但仍满足相关技术要求，且其抗拉强度、抗弯强度、与混凝土正拉黏结强度、收缩性能及各项耐久性能等指标均较为优越。

综上所述，参考港珠澳大桥环氧树脂砂浆指标及相应试验结果，古城特大桥最终确定使用 JGN 环氧树脂砂浆。

4.2 环氧树脂砂浆薄层摊铺施工设备研究

4.2.1 高弹性模量限位橡胶条

在环氧树脂砂浆摊铺施工过程中，由于砂浆层厚度较薄，实现砂浆层均匀、等厚且表面平整的控制难度较大，可能导致混凝土桥面板与砂浆层之间存在气泡、空隙等，影响桥面板与钢梁的黏结质量，进而影响钢-混叠合梁桥性能的发挥。同时，预制桥面板安装时，环氧树脂砂浆尚未完全凝结，仍具有一定的流动性。预制桥面板在安装初期尚未能实现有效的黏结与固定，在纵坡坡度较大的位置进行安装时，预制桥面板将不可避免地沿坡度方向发生一定的滑移，影响桥面板的安装精度。

为此，古城特大桥在进行环氧树脂砂浆的摊铺施工前，在钢箱梁顶面黏结、固定高弹性模量橡胶条。高弹性模量橡胶条的长度 l_1，l_2 分别为钢梁顶面纵向边缘与横向边缘的长度。高弹性模量橡胶条在安装时，预留有一定的压缩高度 Δh，通常可取为 5～20 mm。如图 4-10 所示，桥面板安装时，高弹性模量橡胶条在预制桥面板的自重作用下被压缩，高度逐渐减小至环氧树脂砂浆层的设计厚

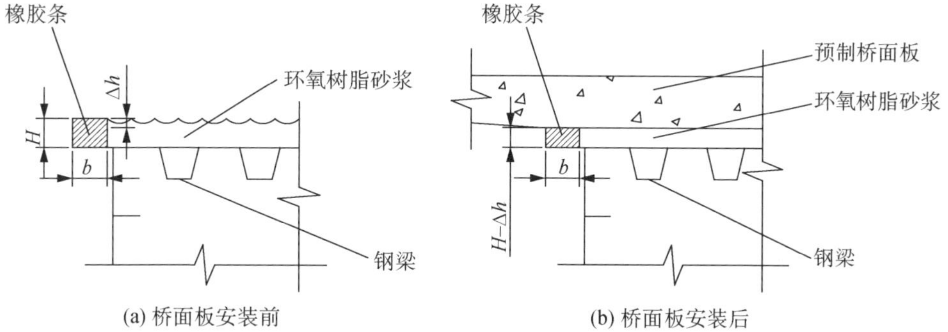

图 4-10 橡胶条变形示意图

度($H-\Delta h$),可以使得环氧树脂砂浆在桥面板的重力作用下均匀摊铺并逐渐致密,从而实现预制混凝土桥面板与钢箱梁之间的高质量黏结。同时,通过高弹性模量橡胶条与混凝土桥面板底面之间的摩擦作用,可以防止预制桥面板沿坡度方向发生滑移,保障桥面板的安装精度。

为实现橡胶条的作用,橡胶条的弹性模量 E 可通过下式确定:

$$\begin{cases} E_{\min} \geqslant \dfrac{G \cdot H \cdot \cos(\arctan i)}{b \cdot (m \cdot l_1 + n \cdot l_2) \cdot \Delta h_{\max}} \\ E_{\max} \leqslant \dfrac{G \cdot H \cdot \cos(\arctan i)}{b \cdot (m \cdot l_1 + n \cdot l_2) \cdot \Delta h_{\min}} \end{cases} \tag{4-1}$$

$$E \in [E_{\min}, E_{\max}]$$

式中 E——高弹性模量橡胶条的弹性模量(MPa);

G——预制混凝土桥面板的自重(N);

H——高弹性模量橡胶条的总高度(mm);

b——高弹性模量橡胶条的宽度(mm);

m, n——纵向布置与横向布置的高弹性模量橡胶条的数量;

l_1, l_2——纵向布置与横向布置的高弹性模量橡胶条的长度(mm);

Δh——高弹性模量橡胶条的预留压缩高度(mm);

i——纵向坡度。

同时,高弹性模量橡胶条与预制混凝土桥面板底面之间的表面摩擦系数 μ 可通过下式确定:

$$\mu \geqslant i \tag{4-2}$$

式中,μ 为高弹性模量橡胶条与预制混凝土桥面板底面之间的表面摩擦系数。

4.2.2 预制混凝土桥面板吊架

为保证预制混凝土桥面板在起吊过程中能够保持平稳,设计了一种刚度较大的预制混凝土桥面板吊架。吊架整体框架由 4 根工字型钢组成,框架内为保持结构稳定性、提高结构整体刚度而设置了 4 根工字型钢斜撑。两根横向工字钢框架的两端裁去顶板及底板,腹板与纵向工字型钢框架的腹板焊接。在两根横向工字型钢框架靠近端部的位置分别设置有两个吊具,吊具的上下端各有 1 个吊孔,如图 4-11 所示。

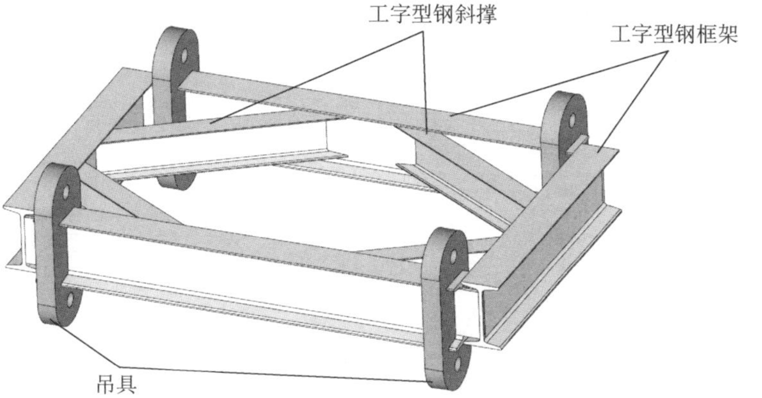

图 4-11　预制混凝土桥面板吊架

图 4-12　预制混凝土桥面板吊装

现场施工过程中，吊具上方的吊孔中穿过起吊用的钢缆，下方的吊孔则与预制混凝土桥面板上预留的吊环相连接。由于吊架刚度较大，钢缆在起吊过程中的作用力可在一定程度上通过吊架重新分配，避免了桥面板在起吊过程中受力不均匀现象的发生，同时保障了预制混凝土桥面板起吊与安装的平稳、快速进行，如图 4-12 所示。

4.3 环氧树脂砂浆薄层摊铺施工工艺研究

4.3.1 施工工艺

环氧树脂砂浆薄层摊铺施工的总体工艺流程如图 4-13 所示。

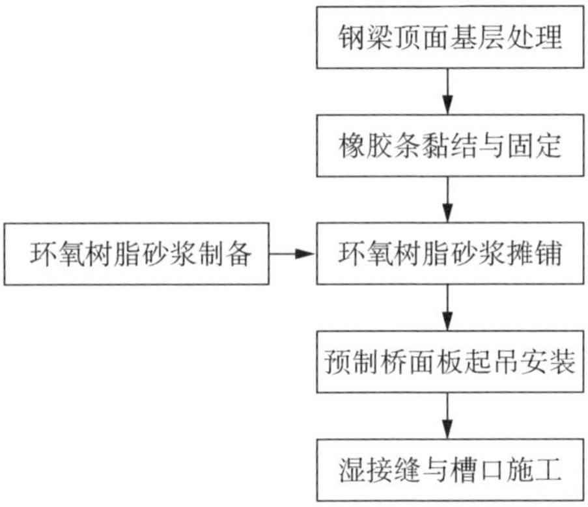

图 4-13 环氧树脂砂浆薄层摊铺施工工艺流程图

1. 钢梁顶面的基层处理

对钢梁顶面进行打磨除锈,确保钢梁表面无可见的锈层、油脂或污垢等。钢箱梁顶面除锈应达到 SSPC、SP6 的光洁度要求。除锈完成后去除钢材表面的浮灰和碎屑,保证钢梁表面的平整。

随后,焊接钢梁顶面与桥面板预留槽口对应位置的剪力钉,以加强预制桥面板与钢梁的连接。在焊接前根据设计图放样剪力钉位置,并进行剪力钉顶面、底面的打磨除锈处理,确保剪力钉焊接质量。

2. 橡胶条的黏结与固定

在环氧结构胶的摊铺施工之前,在钢箱梁的顶面黏结、固定高弹性模量限位橡胶条。其中钢箱梁顶板的两侧翼缘处橡胶条通长,宽度为 50 mm;内部的橡胶条长度为 3 500 mm,宽度为 15 mm。

橡胶条固定后,应检查其是否牢固紧贴钢箱梁顶面,避免摊铺环氧树脂砂浆过程中出现漏浆、橡胶条脱落等现象。

3. 环氧树脂砂浆的制备

按照 3∶1 的质量比将 JGN 环氧树脂砂浆的甲剂、乙剂搅拌均匀,制得 JGN

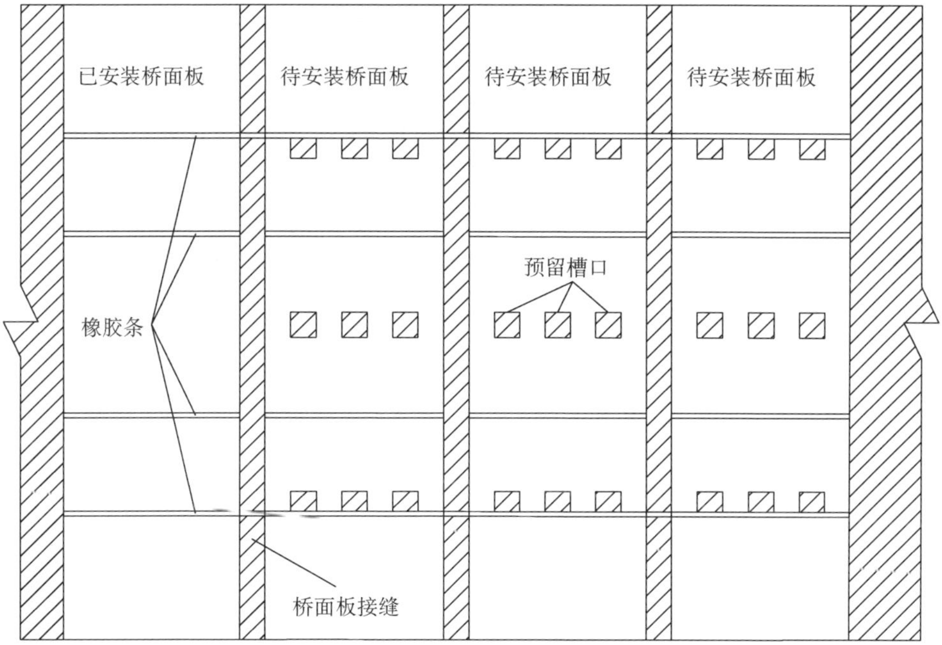

图 4-14 高弹性模量橡胶条的布置

环氧树脂砂浆。

在制备过程中，应严格控制环氧树脂砂浆的配合比。同时，由于环氧树脂砂浆的凝结与固化对温度较为敏感，应控制制备过程中的环境温度，不应在高温下进行环氧树脂砂浆及其原料的存放、搅拌等。同时，环氧树脂砂浆的制备速度应与施工速度相匹配，避免环氧树脂砂浆在施工前发生凝结与固化。

4. 环氧树脂砂浆的摊铺

环氧树脂砂浆摊铺前，必须将材料在 15～25 ℃的温度下放置 24 h，摊铺及摊铺施工完成后环境温度应控制在 15～32 ℃，以 20 ℃最为适宜。夏季施工中，应避免在高温时段进行摊铺施工，必要时可搭设遮阳棚；冬季施工温度较低时，则应在摊铺区域搭建暖棚升温，保证施工环境温度大于 15 ℃，并宜在中午进行施工。

在相邻高弹性模量橡胶条之间摊铺薄层环氧树脂砂浆，使树脂砂浆从中间向两侧流动，必要时可挤压砂浆使其平摊，但不可振捣，以避免夹杂空气滞留其中产生气泡。环氧树脂砂浆的摊铺工作必须连续、尽快完成。摊铺过程中，应注

图 4-15　环氧树脂砂浆摊铺完成

意保持环氧结构胶的施工环境，保证干燥。

薄层环氧树脂砂浆摊铺完成后，应对摊铺平整性与厚度进行检查，确保后续预制桥面板安装的精度。

5. 预制桥面板的起吊与安装

在预制桥面板吊装之前，需制作临时拼装工装，对预制桥面板进行预拼装。若预制桥面板的钢筋出现干涉情况，需进行人工校正。当预拼装顺利完成，且能够保证所有的预制桥面板湿接缝钢筋搭接可靠之后，方可进行起吊安装。

图 4-16　预制桥面板的预拼装

预制桥面板的底面应经过凿毛处理，露出坚实基层，保证底面清洁、干燥、无油脂。预制桥面板采用坐浆法进行安装，待环氧树脂砂浆薄层摊铺完成且厚度、平整度满足要求后，立即将桥面板压覆在环氧树脂砂浆薄层上。严禁待环氧树脂砂浆薄层固化后再安装桥面板。

6. 湿接缝与槽口施工

相邻两块预制桥面板之间为宽度 50 cm 的湿接缝。预制桥面板安装完成后，进行湿接缝内钢筋的搭接焊，焊接长度不小于 30 cm。焊接湿接缝剪力钉，然后浇筑预留槽口及湿接缝的混凝土。

4.3.2 质量控制措施

古城特大桥环氧树脂砂浆薄层摊铺施工过程中，采取了如下的施工质量控制措施：

（1）为保证环氧树脂砂浆本身的材料质量，须严格控制环氧树脂砂浆制备过程中的环境温度和材料配合比。

（2）环氧树脂砂浆摊铺前，钢梁顶面和剪力钉的顶面、底面应进行严格的除锈处理，尤其是钢梁顶面的剪力钉焊接位置。预制混凝土桥面板底面则应控制凿毛质量，确保钢-混结合质量。

（3）环氧树脂砂浆摊铺过程中，应严格控制施工温度，严禁对环氧树脂砂浆进行振捣。

（4）环氧树脂砂浆摊铺施工一次性、不间断地完成后，立即对薄层环氧树脂砂浆的厚度、平整度进行检查，满足设计要求后即进行桥面板的压覆，严禁薄层环氧树脂砂浆固化后再进行桥面板的安装。

（5）预制混凝土桥面板在进行起吊和安装前须进行验收与预拼装，确保桥面板、线形、湿接缝钢筋搭接等满足设计要求后，方可起吊。

4.4 本章小结

本章对用于高速铁路钢-混叠合梁桥的环氧树脂砂浆开展了研究，基于市场调查和多次试验数据，确定了适用于高速铁路钢-混叠合梁桥预制混凝土桥面板黏结的环氧树脂砂浆材料，并基于材料的性能与特点探讨了薄层环氧树脂砂浆摊铺过程中的施工设备与施工工艺。

（1）阐述了环氧树脂砂浆揭板试验的试验过程，JGN 环氧树脂砂浆各项性能指标满足相关技术要求，部分技术且其抗拉强度、抗弯强度、与混凝土正拉黏结强度、收缩性能及各项耐久性能等指标均较为优越，适用于高速铁路钢-混叠合梁桥的预制混凝土桥面板黏结。

(2) 通过使用高弹性模量限位橡胶条，实现了预制混凝土桥面板与钢箱梁之间的高质量黏结，同时可以防止预制桥面板沿坡度方向发生滑移，保障桥面板的安装精度。

(3) 设计了一种刚度较大的预制混凝土桥面板吊架，避免了桥面板在起吊过程中受力不均匀现象的发生，同时保障了预制混凝土桥面板起吊与安装的平稳、快速进行。

(4) 建立了完善的环氧树脂砂浆制备与薄层摊铺施工工艺，同时提出了施工质量控制措施及安全与环保措施。

5 高速铁路钢-混叠合梁桥预顶升过程监测与控制

对大型桥梁而言，理想的线形与合理的内力状态不仅与设计有关，还依赖于科学、合理、高质量的施工。如何对施工过程进行控制，使桥梁建成时能够达到预期的几何线形与内力状态，是桥梁施工过程中非常关键的一个问题。施工监测与控制的目的就是通过在施工过程中对桥梁结构进行实时监测，评估构件的变形与应力变化状态，判断施工过程是否安全，结构是否符合预期设计目标，从而既保证施工期间的结构安全与施工质量，又同时保证桥梁建成时最大可能地接近理想设计状态。

古城特大桥的建造特色之一是通过钢梁的大量程顶升与回落对桥面板施加一定的预加力，以抵消墩顶截面混凝土桥面板的拉应力。大量程的预顶升施工对施工监控提出了更高的要求，必须建立全面配套的监测控制措施。由此，本章将基于古城特大桥预顶升施工的特点，分析施工控制工作的特点与难点，分别介绍总体控制方法与分级控制方法，提出适用于施工过程和安全控制的实时监测工作方法，并分析实测数据，验证施工监控工作的效果。

5.1 概述

5.1.1 预顶升施工控制特点分析

古城特大桥的钢箱梁采用单箱双室截面，底宽 6.8 m，横隔板之间设置一道底板 T 形横肋。钢箱梁顶的混凝土桥面板全宽 12.6 m，中部厚度为 43 cm（41.5 cm 预制桥面板＋1.5 cm 环氧树脂砂浆层），悬臂端部厚度为 25 cm。针对古城特大桥的设计特点和采用的施工工艺，其施工监控具有以下特点：

（1）钢箱梁安装预拱度以及顶升高度的准确计算是该桥施工监控的关键，否则将影响结构在成桥后的应力与线形状态，对结构使用阶段的工作性能产生不利的影响。

(2) 钢箱梁顶升过程中的顶力与位移控制是古城特大桥施工监控的重点，这主要有赖于正确且可靠的监控计算。在顶升过程中如出现顶力与实测竖向位移不协调的现象，应暂停顶升并结合监控的应力测试成果进行原因分析。

(3) 钢箱梁顶升过程以及桥面板施工后的落梁过程的监控量测是古城特大桥监控的主要内容，通过应力和变形监测以及与施工仿真计算的对比以掌握结构的应力状态，防止结构出现非正常应力。

5.1.2 预顶升施工控制难点分析

古城特大桥采用预顶升施工方法，其施工监控的主要难点在于以下几个方面。

1. 施工前期准备

古城特大桥为预顶升钢-混叠合梁结构首次在国内时速 350 km 的高速铁路建造中应用，缺少可以参考的工程经验。为保证施工顺利进行和成桥后各项指标能够满足设计要求，在施工开始之前，需对施工过程中的线形、应力等数据进行准确计算，对顶升位移和顶升力的耦合关系进行参数化分析，确定最优的控制方法和思路，并对在施工过程中可能出现的问题有充分的预估和准备。

2. 施工过程误差分析

古城特大桥采用预顶升的方法为钢-混叠合梁墩顶负弯矩区段的混凝土桥面板施加预应力。这种方法目前在国内较少采用，在施工过程中由于制造、施工、测量等方面的误差，可能会使现场实测值与理论计算值之间存在一定的差值。在施工监控过程中，必须及时对这些误差进行分析，并在后续的施工中加以调整，以减小误差带来的影响，使成桥指标能够尽可能地向设计成桥目标靠近。

3. 安全控制

施工监控过程中，必须对钢梁的稳定性、临时锁紧装置的安全性、千斤顶顶力的偏差等给予足够的重视，确保预顶升施工能够安全、有序地进行。

5.2 施工监控方法研究

5.2.1 总体控制方法研究

由于古城特大桥的钢箱梁在施工过程中结构受力较为明确，其施工控制的关键主要在于施工前控制数据的准确计算。因此，在施工开始前，应充分预计钢箱梁施工过程中可能出现的工况及荷载。在施工过程中，从控制论的角度来看，可实行“开环控制”，其控制基本流程示意图如图 5-1 所示。

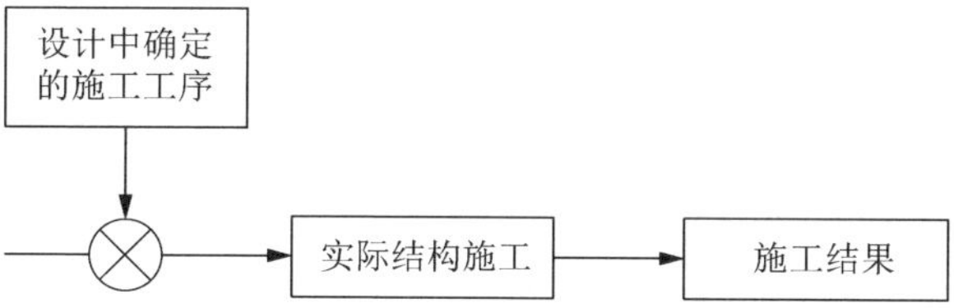

图 5-1 开环控制基本流程

根据相关规范及监控要求，古城特大桥的施工监控目标如下：

(1) 施工监控应以控制结构预制及安装线形为主要手段，实现对结构在施工和施工全过程的安全与稳定控制。

(2) 施工监控精度应参照相关施工技术标准与质量检验标准，并结合施工方案和施工工法确定。在 20 ℃的设计基准温度下，成桥后桥面板线形标高最大偏差为±20 mm，桥面横坡应满足设计要求。

5.2.2 分级控制方法研究

采用有限元分析，提取影响矩阵 $\boldsymbol{S}$，将影响矩阵输入安全预警系统，设置预警值，然后安装位移传感器，实时采集钢梁顶升中的位移数据 $\boldsymbol{W}$，由安全预警系统根据 $\boldsymbol{\sigma} = \boldsymbol{WS}$ 计算得到实时应力，并根据预警值判断是否在限值内，若不在限值内则终止顶升、发布预警，若在限值内则继续顶升。具体方法如下：

若关注结构上 n 个部位，结构共有 m 个顶升点，则关注的 j 部位在 i 支座发生单位顶升量时产生的应力值 s_{ij}，影响矩阵 $\boldsymbol{S}$ 定义为

$$\boldsymbol{S} = \begin{bmatrix} s_{11} & \cdots & s_{1j} & \cdots & s_{1n} \\ \vdots & \ddots & \vdots & \ddots & \vdots \\ s_{i1} & \cdots & s_{ij} & \cdots & s_{in} \\ \vdots & \ddots & \vdots & \ddots & \vdots \\ s_{m1} & \cdots & s_{mj} & \cdots & s_{mn} \end{bmatrix} \tag{5-1}$$

若 m 个顶升点的实时顶升量为 $w_1 \sim w_m$，则位移数据 $\boldsymbol{W}$ 定义为

$$\boldsymbol{W}=[w_1 \quad w_2 \quad \cdots \quad w_m]$$

n 个部位的实时应力值为 $\sigma_1 \sim \sigma_n$，则应力矩阵 $\boldsymbol{\sigma}$ 定义为

$$\boldsymbol{\sigma}=[\sigma_1 \quad \sigma_2 \quad \cdots \quad \sigma_n]=\boldsymbol{WS}=[w_1 \quad w_2 \quad \cdots \quad w_m]\begin{bmatrix} s_{11} & \cdots & s_{1j} & \cdots & s_{1n} \\ \vdots & \ddots & \vdots & \ddots & \vdots \\ s_{i1} & \cdots & s_{ij} & \cdots & s_{in} \\ \vdots & \ddots & \vdots & \ddots & \vdots \\ s_{m1} & \cdots & s_{mj} & \cdots & s_{mn} \end{bmatrix} \tag{5-2}$$

若任意 j 部位的应力 σ_j 值不在限值内，则终止顶升、发布预警，若在限值内，则继续顶升，如图 5-2、图 5-3 所示。

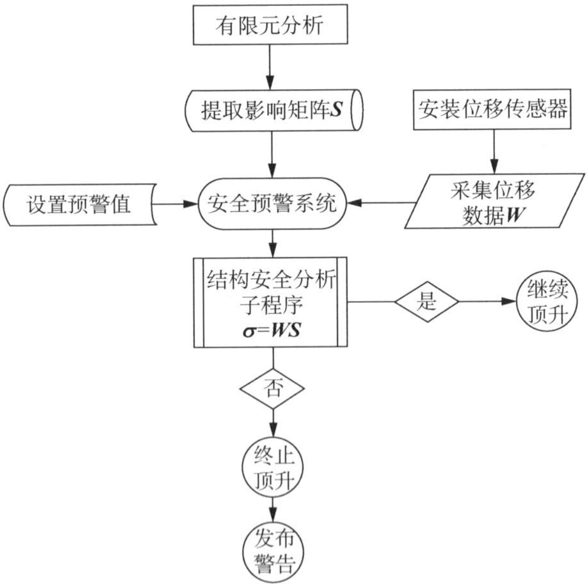

图 5-2　总体流程图

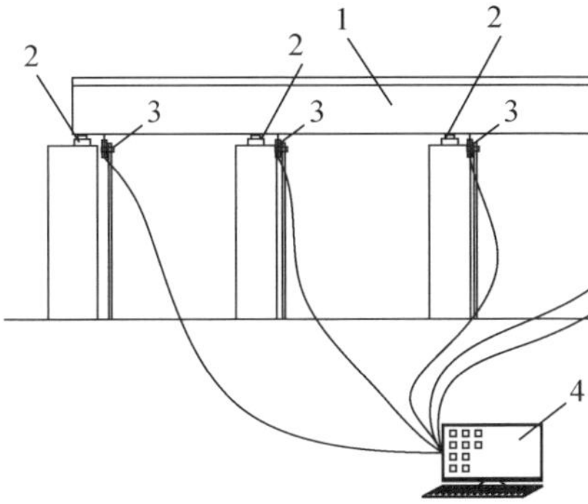

1—钢梁；2—千斤顶；3—位移传感器；4—计算机。

图 5-3　位移数据采集示意图

5.3　实时监测与分析

在施工过程中，结构内力与变形的监测是钢-混叠合梁桥施工需要重点关注的内容，施工实时监测系统的完善与否将直接影响控制系统的精度及结构安全。在古城特大桥施工过程中，主要对以下内容进行现场实时跟踪监测：

(1) 钢主梁线形（高程、轴线等）、桥面板架设过程线形。

(2) 主梁关键截面应力。

(3) 顶升过程中的顶力。

5.3.1　顶升过程位移监测与分析

主梁线形监控是保证大桥达到设计预期目标的关键，采取科学的措施对主梁位移，尤其是顶升过程中的主梁位移实施监控、预测分析、实时调整，以确保顶升过程的安全性，并使主梁实际线形尽可能地吻合设计线形。

1. 测点布设

钢主梁位移测点布置如图 5-4、图 5-5 所示，每联共布设 11 个位移测试断面（自主桥小里程起点每隔 25 m 设置一个断面），每个断面布置 2 个测点，采用“m-n”的形式来表示，其中，m 表示测试断面的位置，n 则表示测点编号，如 11-1 表示第 11 个测试断面的第 1 个测点，以此类推。

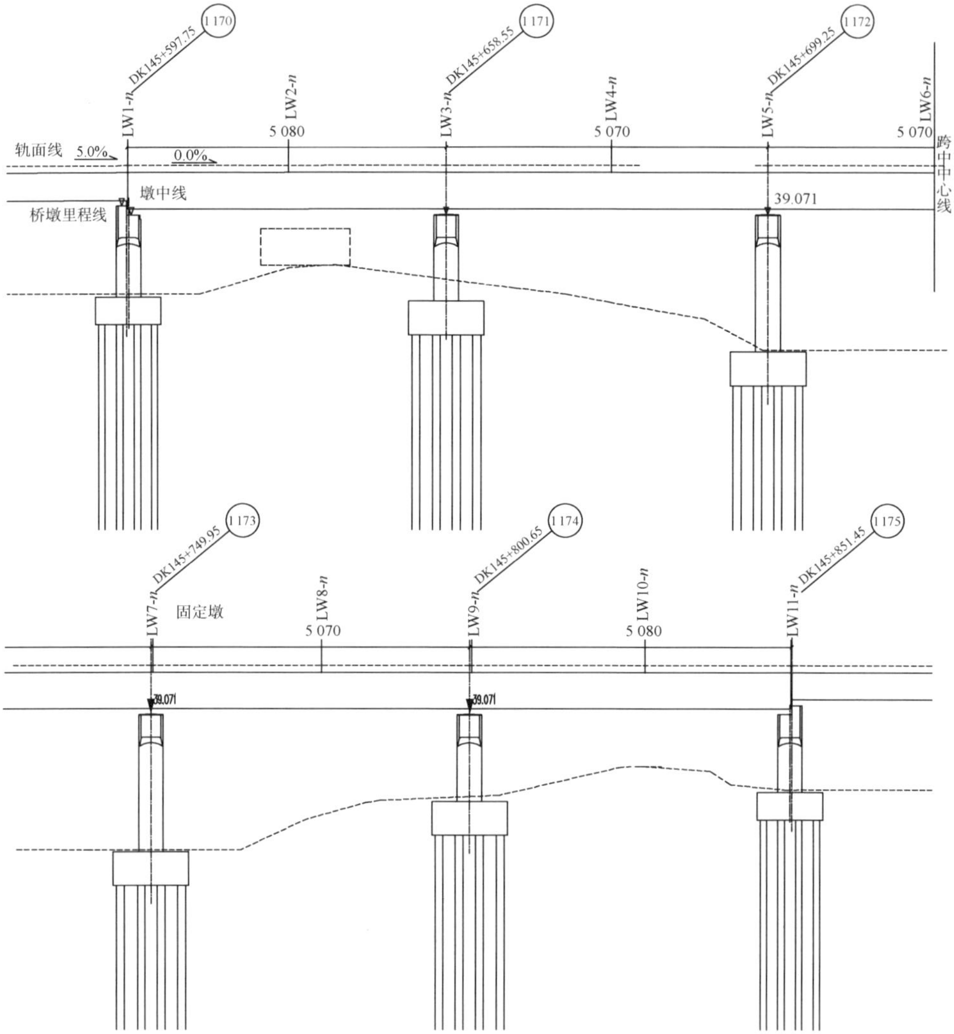

图 5-4　钢箱梁线形测点纵向布置图

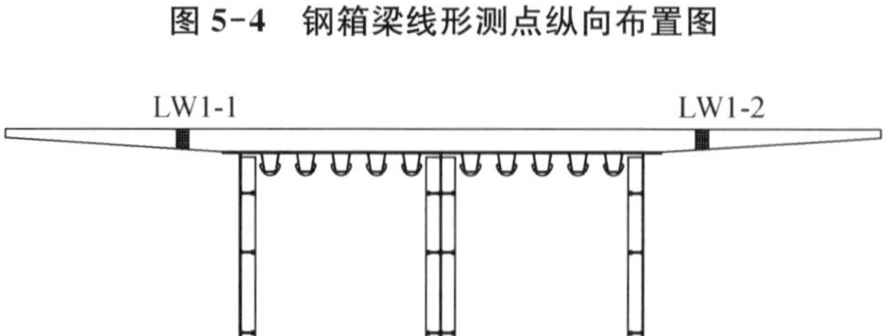

图 5-5　钢箱梁线形测点横向布置图(位移测试断面 1)

2. 监测方法

在顶升过程中，位移监测的方法主要包括以下三种：

(1) 高程线形测量。通常采用几何水准测量法，测出已施工各节段的节段控制水准点的绝对标高，再根据各节段竣工时测得的其与梁底的高差，推算出相应节段的梁底标高。为消除日照温差引起的梁体的不规则变化，选择在温度变化小、气温稳定的时间段进行线形测量，同时尽量缩短测量工作的时间。

(2) 三维坐标测量。针对横向跨中及临时钢挑臂变形进行观测，采取记号笔做记号作为测点，使用全站仪测量施工工序中变形测点的三维坐标值，通过坐标值的变化得到该测点竖向及横向的变形情况。

(3) 中线线形测量。观测已施工节段的中线点相对于桥轴线的偏距。由于设计和施工的偏差，容易使梁体产生局部变形或使整个梁体偏离桥梁中心线，为了保证桥梁设计中线正确，必须控制主梁中线偏差值不超过允许值。中线测量观测时间与高程线形测量同步，中线测量和高程测量的测点一般均布置在主梁顶面上。经中线线形测量后，可提供主梁在各个施工阶段的中线实测值，同时可结合高程线形测量数据提供主梁线形随温度变化的曲线，以随时掌握温度对主梁变形的影响。

3. 主要监测工作内容

古城特大桥的主梁线形监测包括钢主梁安装高程监测、桥面板安装过程的高程监测及桥面板横坡监测，具体的监测工作内容如表 5-1 所示。

表 5-1 主要监测工作内容

序号	工况	监控工作内容	备注
1	钢箱梁现场拼装	拼装线形监测	拼装线形需满足精度控制要求，钢主梁各测点相对标高误差控制在＋10 mm，－3 mm 以内
2	钢箱梁吊装前	支座标高、临时支承位置标高监测	为了保证吊装后的线形满足精度要求，在钢箱梁吊装前需对支座高程、临时墩的支承面高程、弹性变形进行准确控制。误差水平控制在＋5 mm 以内
3	钢箱梁吊装焊接后	钢箱梁变形与应力各测点初始值	(1)观测钢箱梁顶面各测点；(2)尽量保证在低温状况下进行标高数据采集；(3)测量误差控制在 2 mm 以内
4	钢箱梁顶升过程	钢箱梁变形与应力各测点的监测	为消除温度影响，在低温状况下量测

(续表)

序号	工况	监控工作内容	备注
5	桥面板吊装施工	采集钢箱梁测点线形数据	(1)对钢箱梁测点进行观测;(2)多次采集数据,去除最大最小值,取平均值;(3)尽量保证在低温状况下进行标高数据采集;(4)吊装完成后,进行连续阶段性观测,确保数据稳定以及精确性
6	横向临时钢挑臂安装后	进行横向临时钢挑臂测点布设,并采集钢箱梁及横向临时钢挑臂测点相关数据	(1)针对横向临时钢挑臂测点,多次采集数据,去除最大值和最小值,取平均值;(2)尽量保证在低温状况下进行标高数据采集;(3)测量误差控制在 2 mm 以内
7	湿接缝浇筑前	钢箱梁测点建立高差	将钢箱梁原测点转移到钢筋头上,湿接缝浇筑后通过钢筋头进行钢箱梁位移情况观测
8	湿接缝浇筑后	采集钢箱梁及横向临时钢挑臂测点相关数据	(1)多次采集数据,去除最大值和最小值,取平均值;(2)尽量保证在低温状况下进行标高数据采集;(3)连续进行 3 d 阶段性观测,确保数据稳定以及精确性
9	支架拆除后及桥面板施工	采集桥面各测点标高数据,控制桥面标高及横坡误差	(1)多次采集数据,去除最大值和最小值,取平均值;(2)尽量保证在低温状况下进行标高数据采集
10	二期恒载施工	采集桥面各测点标高数据,控制桥面标高及横坡误差	(1)多次采集数据,去除最大值和最小值,取平均值;(2)尽量保证在低温状况下进行标高数据采集

5.3.2 顶升过程应力监测与分析

1. 测点布设

全桥合计布设 52 个应力测点。

(1) 钢箱梁应力测点布设。钢箱梁纵向正应力测点沿桥跨选择 6 个应力测试控制截面,分别布设在边跨跨中、次中墩顶、次中跨跨中、中跨跨中、中墩顶等位置,如图 5-6 所示中 LSG1～LSG6 所示,每个断面布设 6 个应力测点,共计 36 个测点。

(2) 桥面板应力测点布设。桥面板应力测点布置在湿接缝位置,共计 5 个应力测试控制截面,LSA、LSB、LSD 三个断面每个断面布设 4 个测点,LSC、LSE 两个断面每个断面布设2 个测点,共计 16 个测点,如图 5-6—图 5-8 所示。

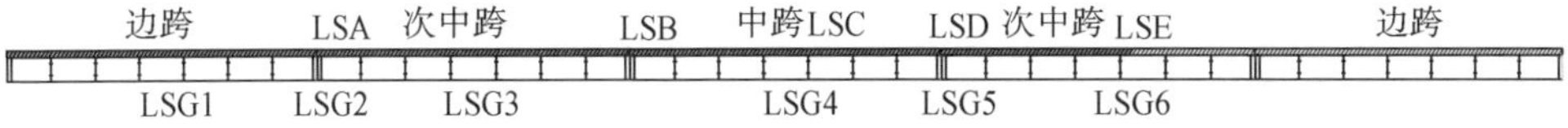

图 5-6 纵向应力测点沿桥跨布置图

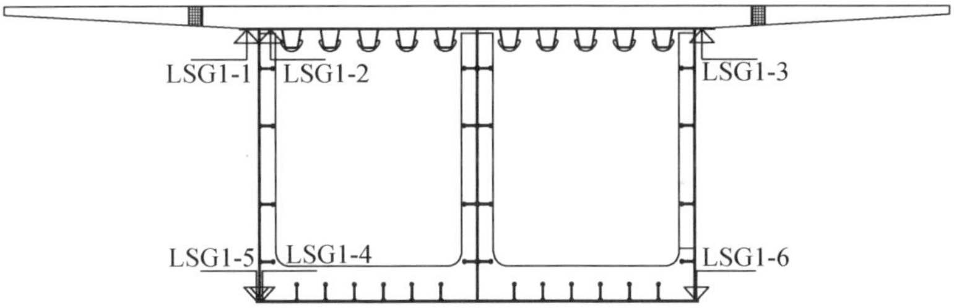

图 5-7 钢主梁纵向应力测点沿断面布置图(LSG1 断面)

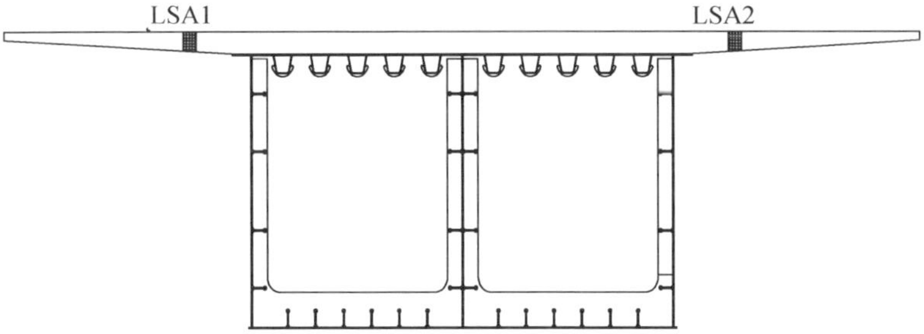

图 5-8 桥面板纵向应力测点沿断面布置图(LSA 断面)

2. 监测仪器及方法

考虑到要适合长期施工过程观测并能保证足够的精度,选用长期稳定性较好、精度较高的振弦式应变计和配套的振弦式读数仪进行应力测试,如图 5-9 所示。

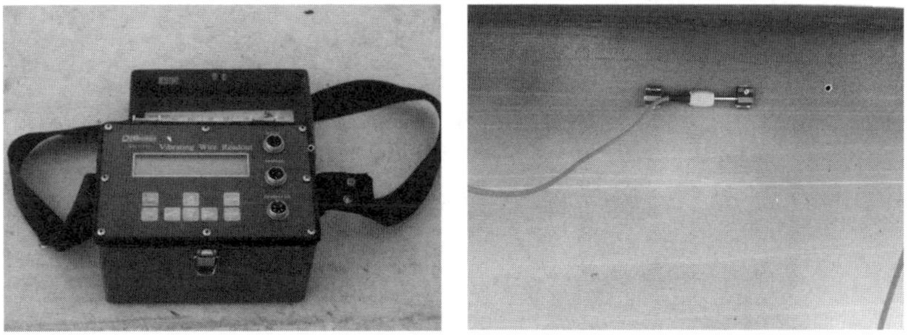

图 5-9 监测仪器

3. 监测工况与时间

与位移监测相同，应力监测主要是在结构内力发生变化的工况（荷载、位移、边界条件等）中进行，主要监测工况如下：

（1）在应变片安装完成后开始第一次读数。

（2）每个顶升行程的前后。

（3）预制桥面板分阶段安装前后。

（4）湿接缝分阶段浇筑前后。

（5）分阶段落梁前后。

（6）二期铺装施工前后。

上述读数尽可能安排在早晨完成，并注明测试时间、天气和大气温度状况。

5.3.3 顶升施加预应力度监测与分析

古城特大桥的特点之一就是采用预顶升的方法为墩顶负弯矩区段的桥面板施加一定的预应力，以提高墩顶截面的承载能力。在落梁过程中，混凝土桥面板预应力度施加的成功与否是决定成桥后结构能否满足设计要求的关键因素之一。因此，在施工监控过程中，必须对桥面板在落梁阶段的预应力度进行观测，并与理论值进行比对，确保预顶升施工方法的有效性。

预应力度的监测通过墩顶负弯矩区段的应力监测完成，主要依托 LSB 与 LSD 等测试断面的测点进行数据采集，如图 5-10 所示。

图 5-10 现场预应力度监测

5.3.4　顶升过程顶力监测与分析

顶落梁过程中千斤顶的顶力的准确与否直接关系到主梁的线形，乃至整个施工过程的安全，因此必须确保顶落梁过程中千斤顶的顶力正确可靠。

1. 测试方法和原理

施工单位采用带精密油压表的千斤顶顶升系统，以控制测力精度作为校核，并提高对顶落梁过程中千斤顶的顶力变化情况的测试精度。

2. 监测要求

每个千斤顶顶升时，进行顶升力分级，每一级对比理论油压示数，进行校核，确保油压示数和实际顶升力相互吻合后，进行下一级顶升操作，确保顶升过程的安全精度要求。

如图 5-11、图 5-12 所示。

图 5-11　现场顶升照片

图 5-12　现场落梁照片

5.4　施工过程监测数据分析与控制

5.4.1　位移监控数据果与分析

图 5-13 为顶升过程中现场实测位移与前期理论计位移的差值情况。可见，顶

升过程中，除个别测点外，实测位移与理论位移的差值基本在±20 mm之内，表明顶升施工是基本满足精度要求的，顶升过程中的位移监控是合理有效的。

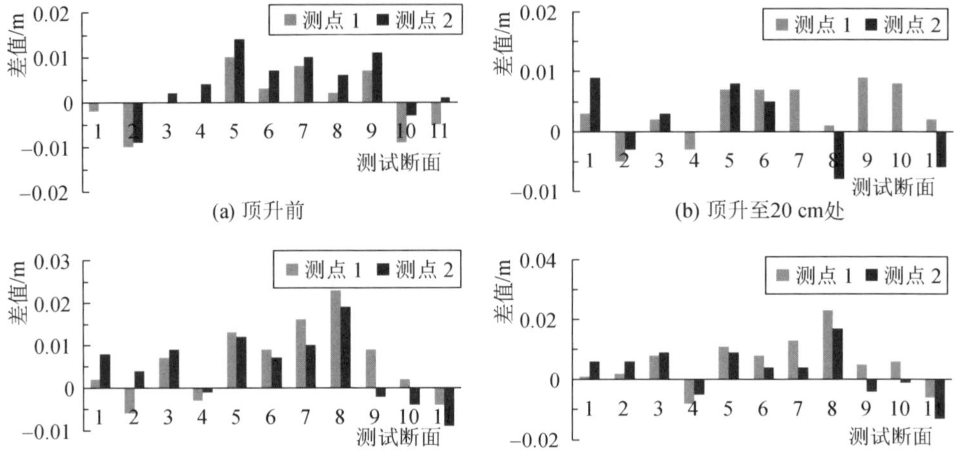

(a) 顶升前 (b) 顶升至20 cm处 (c) 顶升至60 cm处 (d) 顶升至70 cm处

图 5-13　顶升过程中实测位移与理论位移的差值(单位:m)

图5-14为落梁过程中现场实测位移与前期理论计位移的差值情况。可见，落梁过程中，除个别测点外，实测位移与理论位移的差值基本在±20 mm之内，表明

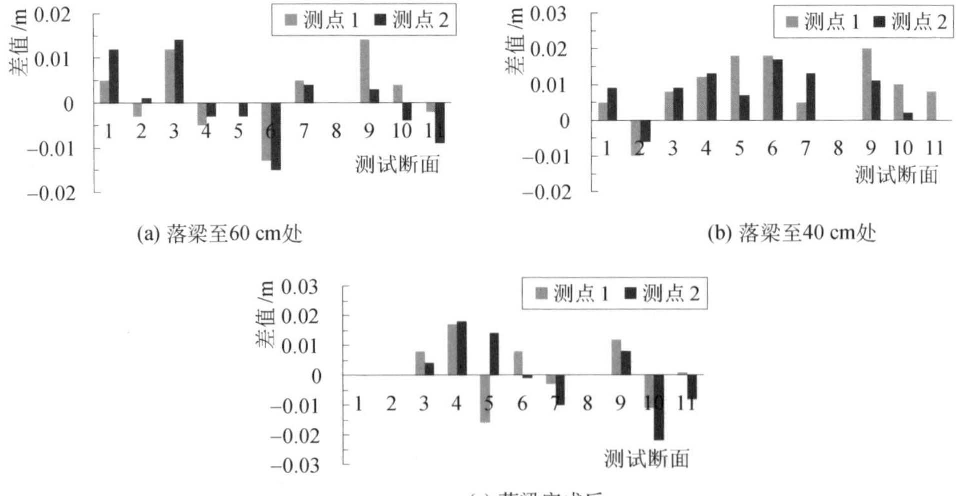

(a) 落梁至60 cm处 (b) 落梁至40 cm处 (c) 落梁完成后

图 5-14　落梁过程中实测位移与理论位移的差值(单位:m)

落梁施工是基本满足精度要求的，落梁过程中的位移监控是合理有效的。

5.4.2　应力监控成果与分析

以表 5-2 中的施工阶段作为关键工况，对钢梁的应力监控成果进行分析。

表 5-2　应力监控成果分析施工阶段

序号	施工阶段
1	利用千斤顶将中墩、次中墩支点上抬 0.2 m(上抬至 0.2 m)
2	利用千斤顶将中墩支点上抬到 0.5 m(上抬至 0.5 m)
3	下降 1172＃，1173＃桥墩支点 0.5 m(下降至 0.2 m)
4	下降 1172＃，1173＃桥墩支点 0.7 m(下降至 0 m)
5	下降 1171＃，1174＃桥墩支点至 0 m

图 5-15 为测试断面 LSG1～LSG6 参数比较，即钢主梁测试断面在 1～10 号关键施工阶段内的实测应力与理论应力的差值情况。可见，除个别测点外，钢主梁的实测应力与理论应力的差值基本控制在 20 MPa 之内，二者较为接近，表明对钢主梁的应力监控是合理有效的。

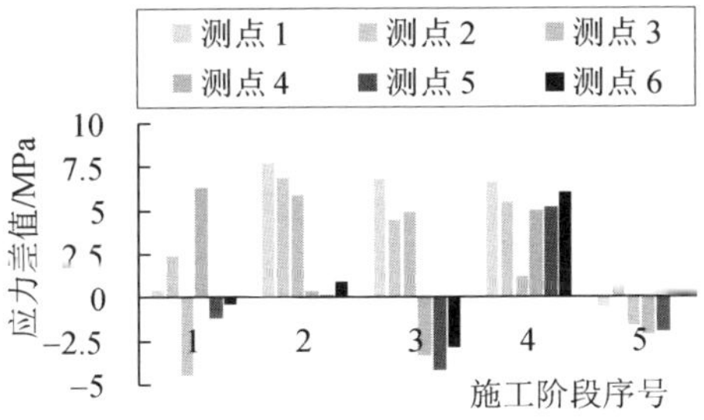

(a) LSG1

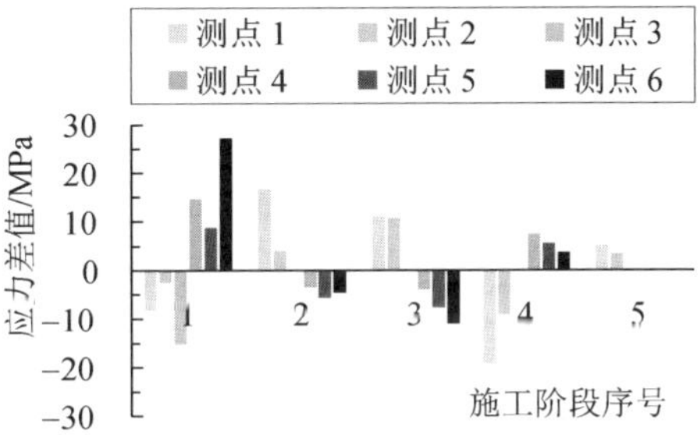

(b) LSG2

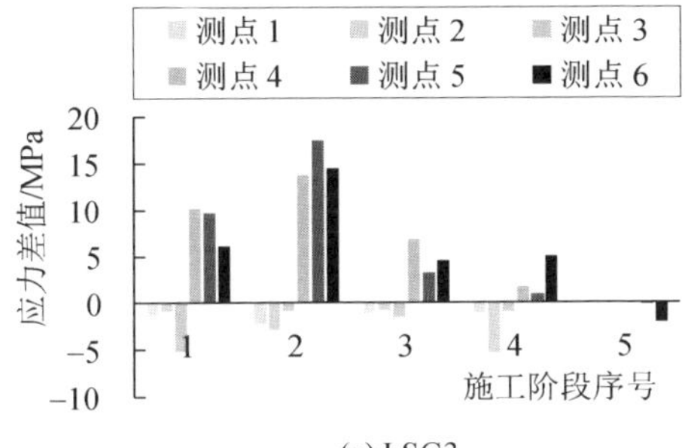

(c) LSG3

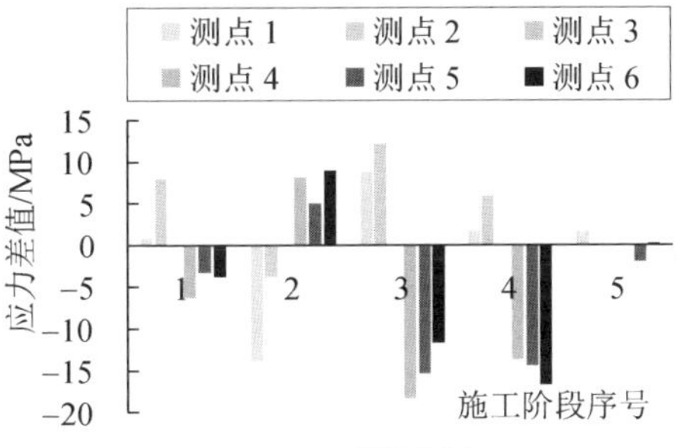

(d) LSG4

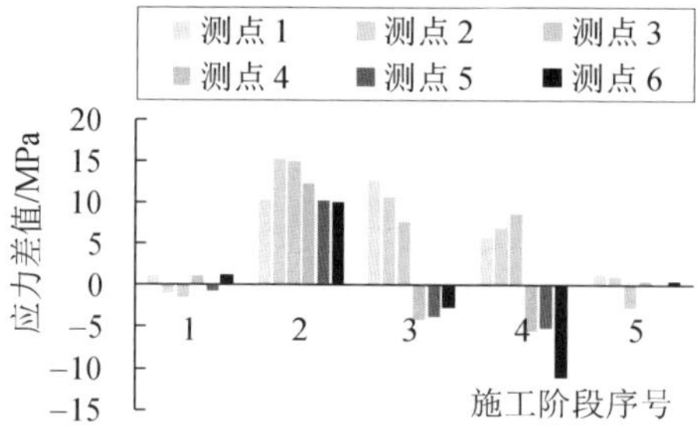

(e) LSG5

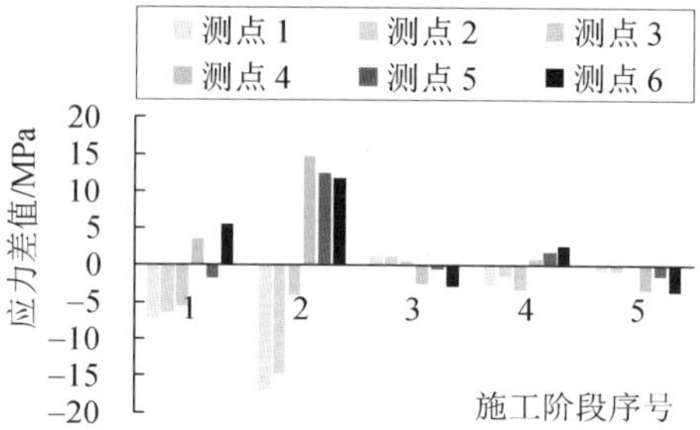

(f) LSG6

图 5-15　实测应力与理论应力的差值

以表 5-3 中的施工阶段作为关键工况，对混凝土桥面板的应力监控成果进行分析。

表 5-3　应力监控成果分析施工阶段

序号	施工阶段
1	下降 1172＃、1173＃桥墩支点 0.7 m(下降至 0.4 m)
3	下降 1172＃、1173＃桥墩支点 0.7 m(下降至 0.2 m)
3	下降 1172＃、1173＃桥墩支点 0.7 m(下降至 0 m)
4	下降 1171＃、1174＃桥墩支点至 0.1 m
5	下降 1171＃、1174＃桥墩支点至 0 m

图 5-16 为测试断面 LSB～LSD，即混凝土桥面板部分测试断面在 1～7 号关键施工阶段内的实测应力与理论应力的差值情况。可见，除个别测点外，桥面板的实测应力与理论应力的差值基本控制在 2 MPa 之内，二者较为接近，表明对桥面板的应力监控是合理有效的。

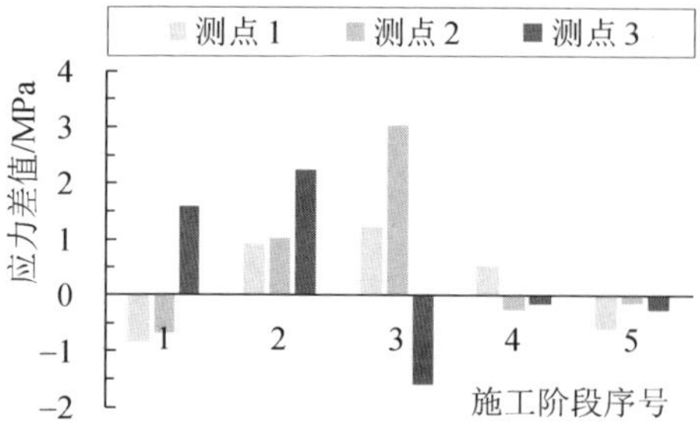

(a) LSB

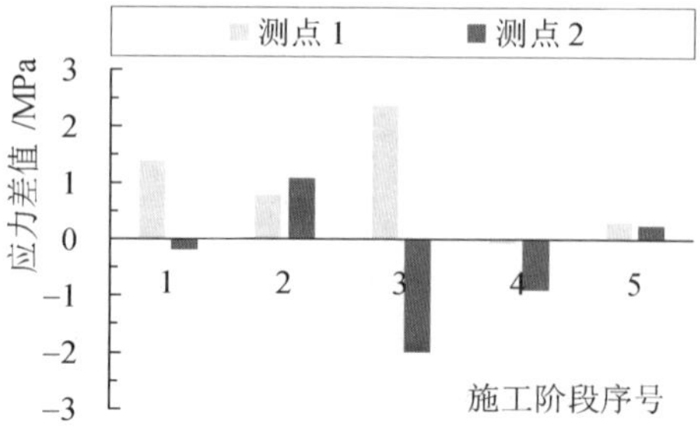

(b) LSC

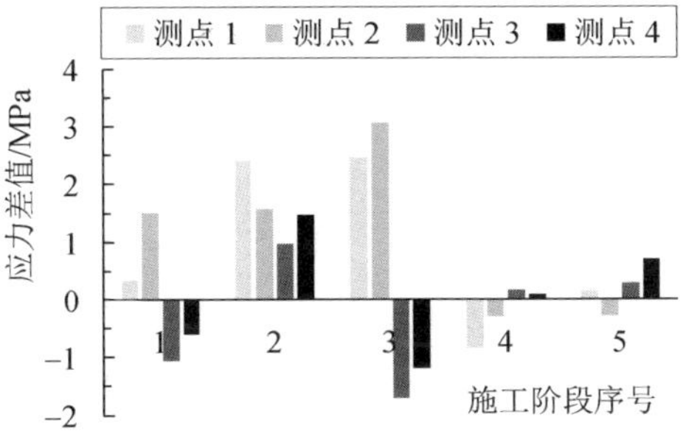

(c) LSD

图 5-16　实测应力与理论应力的差值

5.4.3　预应力度监控成果分析

表 5-3 中的施工阶段作为关键工况，对混凝土桥面板的预应力度监控成果进行分析。

图 5-17 为混凝土桥面板测试断面 LSB 和 LSD 在 1～7 号关键施工阶段内的实测应力值。通过实际观测可以发现，墩顶负弯矩区段的混凝土桥面板在落梁施工过程中及落梁结束后，截面始终受压，表明预顶升的施工方法是可行且有效的，成功为墩顶的混凝土桥面板施加了一定的预应力。

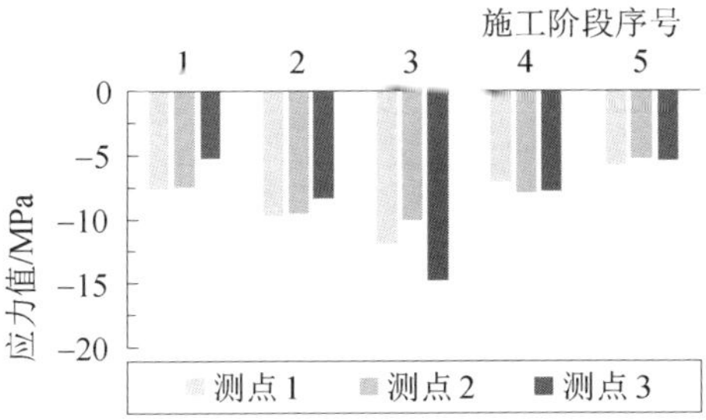

(a) LSB

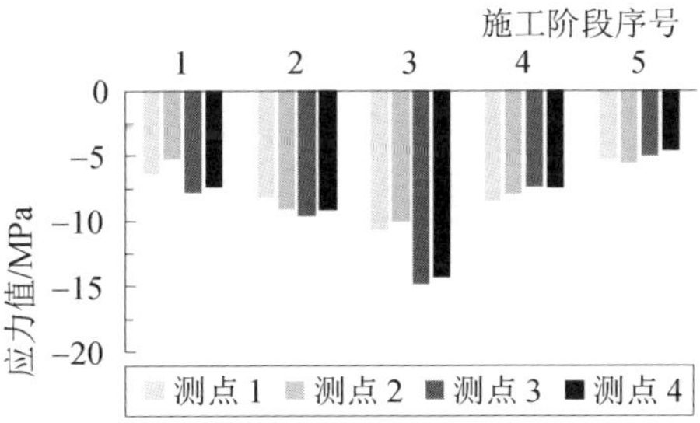

(b) LSD

图 5-17　断面实测应力值(单位:MPa)

5.4.4　顶力监控成果与分析

顶升与落梁过程中的顶力监控成果如表 5-4—表 5-9 所示。

表 5-4　主梁顶升顶力数据(主梁顶升至 20 cm)

墩号	千斤顶编号	理论顶力/kN		实际顶力/kN		差值/%	
1171#	1	1 635.25	6 551.00	1 496.42	6 028.85	−8.50	−8.00
	2	1 635.25		1 438.86		−12.00	
	3	1 635.25		1 510.81		−7.60	
	4	1 635.25		1 582.76		−3.20	
1172#	1	619.25	2 487.00	805.70	3 179.63	30.10	27.90
	2	619.25		633.02		2.20	
	3	619.25		1 107.89		78.90	
	4	619.25		633.02		2.20	
1173#	1	595.00	2 390.00	561.07	2 345.01	−5.70	−1.90
	2	595.00		618.63		4.00	
	3	595.00		604.24		1.60	
	4	595.00		561.07		−5.70	
1174#	1	1 634.50	6 548.00	1 266.18	6 921.03	−22.50	5.70
	2	1 634.50		1 870.56		14.40	
	3	1 634.50		1 625.93		−0.50	
	4	1 634.50		2 158.36		32.10	
合计		17 936.00		18 474.52		3.00	

表 5-5　主梁顶升顶力数据(主梁顶升至 60 cm)

墩号	千斤顶编号	理论顶力/kN		实际顶力/kN		差值/%	
1172#	1	1 680.80	6 723.20	2 777.10	7 064.90	65.20	5.10
	2	1 680.80		2 647.60		57.50	
	3	1 680.80		848.90		−49.50	
	4	1 680.80		791.30		−52.90	
1173#	1	1 683.50	6 734.00	1 194.20	7 482.20	−29.10	11.10
	2	1 683.50		1 093.50		−35.10	
	3	1 683.50		2 604.50		54.70	
	4	1 683.50		2 590.10		53.80	
合计		13 457.20		14 547.10		8.10	

表 5-6　主梁顶升顶力数据(主梁顶升至 70 cm)

墩号	千斤顶编号	理论顶力/kN		实际顶力/kN		差值/%	
1172#	1	1 945.80	7 783.00	3 295.20	8 072.20	69.40	3.70
	2	1 945.80		3 108.10		59.70	
	3	1 945.80		892.00		−54.20	
	4	1 945.80		776.90		−60.10	
1173#	1	1 949.00	7 796.00	935.20	8 091.00	−52.00	11.50
	2	1 949.00		906.40		−53.50	
	3	1 949.00		3 439.10		76.50	
	4	1 949.00		3 410.30		75.00	
合计		15 579.00		16 763.20		7.60	

表 5-7　主梁落梁顶力数据(主梁落梁至 40 cm)

墩号	千斤顶编号	理论顶力/kN		实际顶力/kN		差值/%	
1172#	1	2 411.50	9 646.00	2 316.65	10 245.10	−3.90	6.20
	2	2 411.50		2 043.24		−15.30	
	3	2 411.50		2 777.13		15.20	
	4	2 411.50		3 108.10		28.90	
1173#	1	2 438.80	9 755.00	2 863.50	10 720.00	17.40	9.90
	2	2 438.80		3 165.70		29.80	
	3	2 438.80		2 431.80		−0.30	
	4	2 438.80		2 259.10		−7.40	
合计		19 401.10		20 965.10		8.10	

表 5-8　主梁落梁顶力数据(主梁落梁至 20 cm)

墩号	千斤顶编号	理论顶力/kN		实际顶力/kN		差值/%	
1172#	1	1 681.30	6 725.00	3 511.00	9 655.10	108.80	43.60
	2	1 681.30		3 712.50		120.80	
	3	1 681.30		1 237.40		−26.40	
	4	1 681.30		1 194.20		−29.00	

(续表)

墩号	千斤顶编号	理论顶力/kN		实际顶力/kN		差值/%	
1173#	1	1 706.30	6 825.00	2 100.80	7 338.30	17.42	7.50
	2	1 706.30		2 100.80		29.81	
	3	1 706.30		1 582.80		−0.29	
	4	1 706.30		1 554.00		−7.37	
合计		13 550.00		16 993.50		25.40	

表 5-9　主梁落梁顶力数据(主梁落梁结束)

墩号	千斤顶编号	理论顶力/kN		实际顶力/kN		差值/%	
1171#	1	2 675.50	10 702.00	2 892.30	11 655.30	8.10	8.90
	2	2 675.50		2 287.90		−14.50	
	3	2 675.50		3 410.30		27.50	
	4	2 675.50		3 064.90		14.60	
1172#	1	1 023.80	4 095.00	791.30	5 136.70	−22.70	25.40
	2	1 023.80		964.00		−5.80	
	3	1 023.80		1 611.50		57.40	
	4	1 023.80		1 769.80		72.90	
1173#	1	1 044.00	4 176.00	820.10	5 841.80	−21.40	39.90
	2	1 044.00		877.70		−15.90	
	3	1 044.00		2 086.40		99.80	
	4	1 044.00		2 057.60		97.10	
1174#	1	2 677.80	10 711.00	2 791.50	12 288.50	4.20	14.70
	2	2 677.80		3 280.80		22.50	
	3	2 677.80		3 180.10		18.80	
	4	2 677.80		3 036.20		13.40	
合计		29 684.00		34 922.30		17.60	

可以看出，在主梁顶升过程中，次中墩、中墩顶力误差基本控制在±10%以内；但在主梁落梁过程中，中墩千斤顶实测顶升力与理论值相比出现了较大偏差，次中墩顶力误差基本控制在±10%以内。经分析，这可能主要与现场工序交叉作业（落梁过程中同步吊装边跨预制桥面板）及采集时机偏差有关。综合考虑结构内力及线形监测的结果，可发现施工过程仍处于可控状态。同时，对顶力的整体监控效果是比较好的。

5.5 本章小结

本章以古城特大桥为例，通过对高速铁路钢-混叠合梁顶升施工过程中的施工监控技术进行研究，明确了钢-混叠合梁施工监控工作的特点、要点与难点，提出了钢-混叠合梁桥的总体控制方法与顶升施工过程中的分级控制方法，并基于实际施工过程开展了现场实际施工过程中的实时监测与分析，指导了现场施工工作的开展，得到的主要结论如下：

（1）基于顶升施工的钢-混叠合梁桥施工控制工作的难点主要在于施工前期准备、施工过程误差分析与安全控制三个方面。

（2）采用“开环控制”的方法作为古城特大桥施工监控的原理，建立了钢-混叠合梁桥的总体施工控制方法，并提出了预顶升施工过程中的分级控制方法，确保了结构在顶升过程中的安全性。

（3）建立了顶升过程中的实时监测系统，对顶升过程中的位移、应力、预应力度与顶力等数据进行了实时监测，确保了预顶升施工的顺利进行和其施加桥面板预应力的有效性。

（4）对顶落梁过程中的位移、应力、预应力度与顶力等实测数据进行了分析，结果表明，除个别测点外，顶升施工中的实测位移值与应力值基本是与理论值接近的；通过预顶升方法对负弯矩区段桥面板施加预应力是可行的；顶力的整体监控效果是比较好的，虽然在落梁过程中出现了较大的偏差，但结合位移、应力等实测数据，仍能够保证施工过程是处于可控状态的。

6　钢-混叠合梁桥预顶升施工风险控制技术

风险源于客观世界的不确定性和人的主观有限性，是客观存在的。在工程领域，工程风险可以定义为“一项工程在设计、施工及移交运营各个阶段，造成实际结果与预期目标的差异性，以及这种差异发生的概率和所造成的损失”，是人们对未来行动的决策及客观条件不确定性引起的后果与预定目标发生多种偏离的综合。

古城特大桥采用预顶升施工方法，且顶升量程较大，导致结构的内力状态存在大幅度变化，需采取强劲的手段予以控制，存在较高的施工风险。因此，本章将对古城特大桥建造过程的施工风险控制技术予以介绍和总结。

6.1　风险评估方法

6.1.1　风险分级标准与评价矩阵

根据《公路桥梁和隧道工程设计安全风险评估指南（试行）》（以下简称《指南》），公路桥梁和隧道工程设计安全风险等级分为Ⅰ级（低度风险）、Ⅱ级（中度风险）、Ⅲ级（高度风险）、Ⅳ级（极高风险），各安全风险等级的要求如表 6-1 所示。

表 6-1　安全风险等级要求

风险等级	要求
Ⅰ	风险水平可以接受，当前应对措施有效，不必采取额外技术、管理方面的预防措施
Ⅱ	风险水平有条件接受，工程有进一步实施预防措施以提升安全性的必要
Ⅲ	风险水平有条件接受，必须实施削减风险的应对措施，并需要准备应急计划
Ⅳ	风险水平不可接受，必须采取有效应对措施将风险等级降低到Ⅲ级及以下水平；如果应对措施的代价超出项目法人（业主）的承受能力，则更换方案或放弃项目

一般来说，风险可表征为风险事故发生的概率和事故损失的乘积。其中，工程安全风险发生概率等级可分为 1～5 级，各等级的判断标准如表 6-2 所示。

表 6-2　风险发生概率等级判断标准

等级	定量判断标准（概率区间）	定性判断标准
1	$P_f<0.0003$	几乎不可能发生
2	$0.0003\leqslant P_f<0.003$	很少发生
3	$0.003\leqslant P_f<0.03$	偶然发生
4	$0.03\leqslant P_f<0.3$	可能发生
5	$P_f\geqslant 0.3$	频繁发生

风险损失等级分为 1～5 级，需综合考虑人员伤亡等级、经济损失等级及环境影响等级等因素确定，各因素的等级判断标准如表 6-3—表 6-5 所示。当多种损失同时产生时，应采用就高原则确定风险损失等级。

表 6-3　人员伤亡等级判断标准

等级	判断标准
1	重伤人数 5 人以下
2	3 人以下死亡（含失踪）或 5 人以上 10 人以下重伤
3	3 人以上 10 人以下人员伤亡（含失踪）或 10 人以上 50 人以下重伤
4	10 人以上 30 人以下人员伤亡（含失踪）或 50 人以上 100 人以下重伤
5	30 人以上人员死亡（含失踪）或 100 人以上重伤

表 6-4　经济损失等级判断标准

等级	判断标准
1	经济损失 500 万元以下
2	经济损失 500 万元以上 1 000 万元以下
3	经济损失 1 000 万元以上 5 000 万元以下
4	经济损失 5 000 万元以上 10 000 万元以下
5	经济损失 10 000 万元以上

表 6-5 环境影响等级判断标准

等级	判断标准
1	涉及范围很小，无群体性影响，需紧急转移安置人数 50 人以下
2	涉及范围较小，一般群体性影响，需紧急转移安置人数 50 以上 100 人以下
3	涉及范围大，区域正常经济、社会活动受影响，需紧急转移安置人数 100 人以上 500 人以下
4	涉及范围很大，区域生态功能部分丧失，需紧急转移安置人数 500 人以上 1 000 人以下
5	涉及范围非常大，区域内周边生态功能严重丧失，需紧急转移安置人数 1 000 人以上，正常的经济、社会活动受到严重影响

根据不同的风险概率等级和风险损失等级，建立风险分级评估矩阵，如表 6-6 所示。

表 6-6 风险等级评价矩阵

风险损失	风险概率				
	1	2	3	4	5
1	Ⅰ	Ⅰ	Ⅱ	Ⅱ	Ⅲ
2	Ⅰ	Ⅱ	Ⅱ	Ⅲ	Ⅲ
3	Ⅱ	Ⅱ	Ⅲ	Ⅲ	Ⅳ
4	Ⅱ	Ⅲ	Ⅲ	Ⅳ	Ⅳ
5	Ⅲ	Ⅲ	Ⅳ	Ⅳ	Ⅳ

6.1.2 风险评估方法

桥梁风险评估可以从多种角度进行分类。其中，从总体的评估方法上可以划分为定性评估方法、定量评估方法和定性定量相结合的评估方法。

1. 定性评估方法

定性分析带有很强的主观性，往往需要凭借分析者的经验和直觉，或者业界的标准和惯例，为风险管理诸要素（风险事故发生的可能性、现有应对策略的效力等）的大小或高低程度定性分级，主要回答“有没有”“是不是”方面的问题。《指南》中给出的可供选择的方法有专家调查法、概率分析法、层次分析法、事故树法、模糊综合评价法等。

2. 定量评估方法

定量分析的思想是对构成风险的各个要素发生概率和潜在损失的水平赋予数值或货币金额的概念，当度量风险的所有要素都被赋值，风险评估的整个过程和结果都可以被量化，如蒙特卡罗法等。定量分析主要回答“有多少”方面的问题。

3. 定性定量相结合的评估方法

从理论上讲，通过定量分析可以对安全风险进行准确分级，然而其前提是可供参考的数据指标是准确的。事实上，在工程实践中，定量分析所依据的数据的可靠性是很难保证的，再加上数据统计缺乏长期性、计算参数的假定及过程的不准确性等因素，致使分析的量化面临很大的困难。目前，工程实际中，可以采用定量化方法进行风险评估的情况还很少，很多关键技术问题还有待于进一步的科学研究和工程应用实践验证，其实际应用尚不成熟，缺乏系统的理论指导。所以，目前工程实际应用的风险评估方法以定性分析方法为主，其中，根据工程试点以及相关实际工程应用和研究，专家调查法效果较好。

专家调查法就是通过系统地收集和积累数据，确认当前工程状态和假定条件，并在专家判定风险概率和风险损失程度的基础上，进行整理和分析，完成风险分析的方法，该方法因为不需要建立复杂的数学模型，实际操作相对容易，其适用范围主要为难以借助精确数学模型进行精确风险分析的问题。

因此，古城特大桥的风险评估主要采用专家调查法，具体的工作流程如图 6-1 所示。

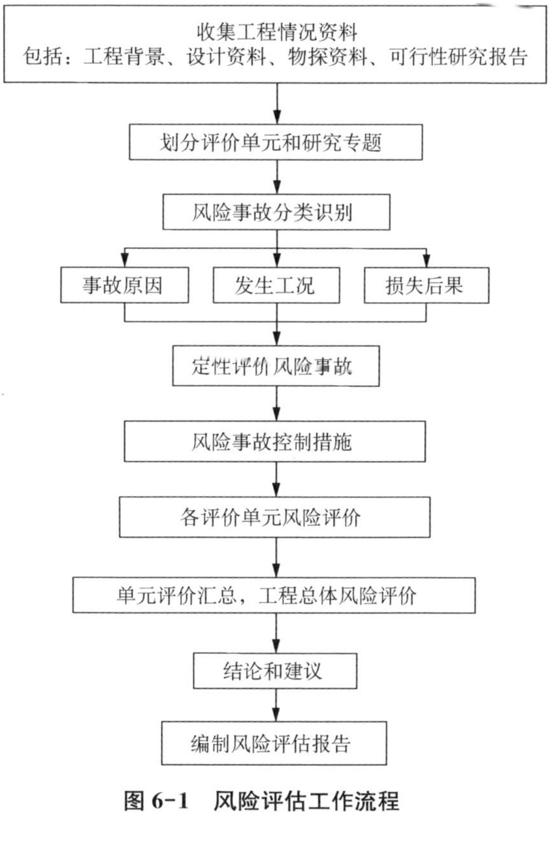

图 6-1　风险评估工作流程

6.2 施工风险分析与控制

古城特大桥的钢梁部分为工厂内加工、制造、试拼合格后运至施工现场进行吊装、焊接;钢梁施工完成后,进行桥面板的安装、浇筑施工。在此过程中,通过钢梁预顶升施工,为墩顶负弯矩区的桥面板施加预压应力,提高截面的承载能力。施工过程中钢梁吊装施工、钢梁预顶升施工、混凝土桥面板施工等几方面均存在主要风险源。

6.2.1 钢梁吊装施工

古城特大桥利用施工便道上的汽车吊对钢梁节段进行吊装,从地面到桥面的高差大约为 12 m。钢梁吊装施工是施工过程中的难点之一,吊装过程中的主要风险源为钢梁松钩和支架受压失稳。

1. 钢梁松钩

钢箱梁在吊装过程中,一旦发生松钩,吊起的钢梁发生坠落,可能会对施工现场的施工机具和已架设梁段造成严重破坏,甚至可能危及现场人员的人身安全。钢梁松钩风险一旦出现,将严重影响施工质量和施工进度,并可能带来巨大的经济损失。

古城特大桥从地面到桥面的高度差大约 12 m,全桥钢梁节段中最重约为 52.24 t,吊装时选用四点吊法,利用汽车吊在施工便道上站位后起吊。梁段上设置 4 个吊耳,分别布置在顶板的隔板或加劲位置,如图 6-2 所示。

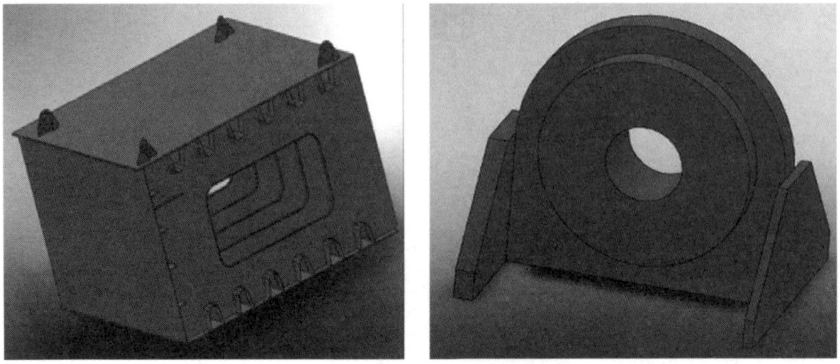

图 6-2 钢梁吊耳示意图

在钢梁吊装过程中，必须保证吊耳、钢丝绳等吊装辅助装备的强度能够满足实际吊装要求，否则会造成钢梁松钩、坠落，严重影响施工现场设备和现场作业人员的人身安全。因此，吊耳的设计及其他受力构件必须经过验算，所有起重设备、索具等必须经检查合格，方可投入使用。

2. 支架受压失稳

支架失稳事故是典型的桥梁施工安全事故之一，近年来，国内桥梁施工支架失稳事故发生频率较高。该类事故一旦发生，则处理费用较高，会造成显著的成本增加和工期延误等后果，还有可能造成人员伤亡。

引发支架受压失稳的原因可能有：未按照原设计布置支架；支架设置在不稳定的地基上；地基不处理，或处理不均匀；随意加大步高；扣件螺栓没有拧紧；用料选材不严；支架未按规范要求搭设等。

2004 年，高速公路路段施工现场一段高架桥支架发生坍塌事故。造成 1 人死亡，1 人失踪，7 人受伤(其中重伤 1 人)。经调查，事故发生的原因是未按原设计布置支架。

图 6-3　高架桥支架坍塌事故

古城特大桥钢主梁架设采用支架安装法，其下部支架存在失稳的可能性，且一旦发生支架失稳，造成的损失巨大，必须严格加以防范。

钢梁节段起吊后，在支架上进行拼装、焊接。古城特大桥的每组临时支架采用两组支撑系组成，每组支撑系由 2 根Φ 529 mm×8 mm 的钢管组成，横向钢管柱间距为 4 500 mm，中间采用Φ 219 mm×6 mm 钢管连接成整体。纵向钢管柱间距为2 000 mm，中间采用槽型钢[16 # 连接成整体。钢管柱上方搭设双拼工字型钢 I40a 作为横梁，横梁上用设置 I20a 调节工字型钢，并辅助不同厚度的调节垫板用于控制现场安装时梁底标高。

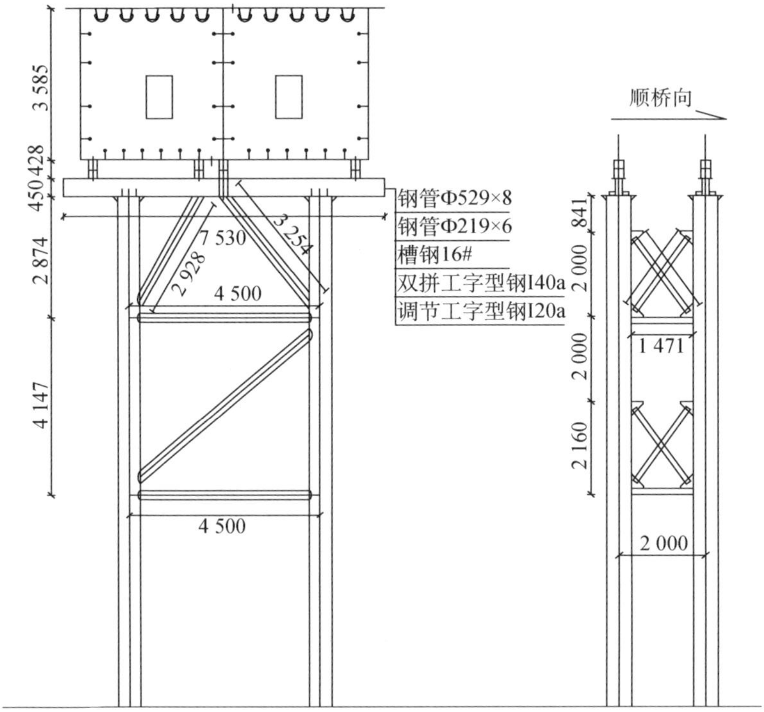

图 6-4　临时支架结构示意图(单位:mm)

支架施工方法虽然应用普遍、技术成熟，但往往由于受力状况控制不当，导致支架失稳、倒塌事故频发。古城特大桥全桥合计布置了 25 组临时支架，每组临时支架定位于两个拼装节段的断口处。由于钢箱梁节段重量较大，在同时承担施工临时荷载或恶劣天气环境的作用下，支架可能会发生失稳。支架失稳事故一旦发生，往往具有突发性和不可预测的特点，并常常伴随着重大人员伤亡。因此，古城特大桥在施工方案设计过程中，针对支架的设计进行了验算，确保支架的承载能力和稳定性能够满足实际施工需要。同时，根据现场施工情况，结合施工经验，针对支架失稳倒塌事故建立了安全应急预案。

6.2.2 钢梁预顶升施工风险

通过预顶升施工方法为墩顶负弯矩区的桥面板施加预压应力，以提高其抗裂性能，是提高钢-混叠合梁桥承载能力的有效方法之一。钢梁预顶升施工过程中，中墩和次中墩墩顶处的钢箱梁在千斤顶提供的顶升力作用下发生了强制位移，同时，为避免负反力的出现造成失稳、落梁等破坏，往往设有临时锁紧装置。伴随着桥面板的安装，钢梁在顶升与回落过程中的受力情况较为复杂，施工风险发生概率较高。钢梁预顶升施工阶段的主要风险源有锁紧装置失效、千斤顶失效、千斤顶弹出、钢梁局部失稳和局部混凝土压碎。

古城特大桥设计为无预应力体系钢-混叠合连续梁，混凝土桥面板内不设置预应力钢束，而是通过施工过程中钢梁的顶升、回落为墩顶负弯矩区的桥面板施加预压应力。钢梁的顶升与回落主要通过各墩墩顶设置的千斤顶实现，并由临时锁紧装置避免负反力导致钢梁脱空。考虑施工现场的临时荷载和施工环境等因素，钢梁在预顶升施工过程中，主要的风险源有锁紧装置失效、千斤顶失效、千斤顶弹出、钢梁局部失稳和局部混凝土压碎等。

1. 锁紧装置失效

在钢箱梁预顶升施工过程中，随着强制位移的产生和桥面板的安装，各墩墩顶有可能出现负反力。为避免负反力的出现造成钢箱梁的失稳、落梁等破坏，可在各墩墩顶设置临时锁紧装置。

在钢梁持荷阶段，若临时锁紧装置承载能力不足或出现损坏而失效，将造成钢梁强制位移的回弹，引起钢梁整体受力情况的改变，甚至可能造成钢梁整体失稳，从而导致整个结构的垮塌，严重影响施工现场人员和设备的安全。

古城特大桥在边墩与次中墩墩顶采用临时锁紧装置避免发生钢梁在预顶升施工过程中发生脱空、落梁等事故。锁紧装置由精轧螺纹钢和梁底锁紧盒两部分组成，只允许钢梁顺线路方向伸缩，如图 6-5 所示。精轧螺纹钢自墩身内伸入梁底锁紧盒中，梁底锁紧盒上方与钢梁底板焊接。

锁紧装置失效的原因可能为精轧螺纹钢强度不足或锚固长度不足、梁底锁紧盒焊接质量存在问题等。根据施工前期对结构的计算分析，各墩墩顶的负反力主要出现在顶升结束与中墩回落之后，此时钢梁在各墩墩顶的千斤顶作用下，产生了较大的强制位移。此时，若锁紧装置失效，将会导致钢梁发生脱空或钢梁变形增大，严重时导致钢梁变形失控，威胁结构安全性和稳定性。

在设计与制定施工方案过程中，通过对结构施工过程的计算与分析确定了

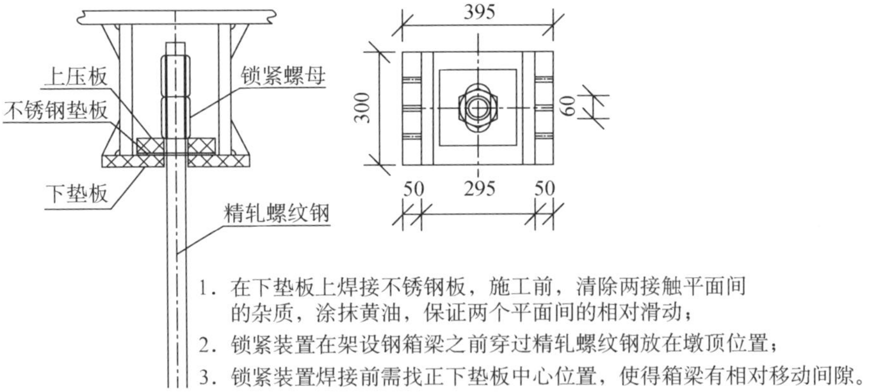

图 6-5　锁紧装置细部构造

精轧螺纹钢的材质、规格和相应锚具的规格，并对锁紧装置承载能力进行了计算。计算结果表明，边墩墩顶的锁紧装置安全系数为 6.79，次中墩墩顶的锁紧装置安全系数为 3.37，均能满足施工要求，且有一定的安全储备。同时，施工过程中，锁紧装置的变形情况也是施工监控中随时关注的内容之一，一旦发现问题应立即停止施工并组织相关人员撤离。施工现场应制订完善的安全应急预案，并配备足够的安全救灾物资。

2. 千斤顶失效

2017 年，某铁路段架梁发生意外垮塌，造成 2 名现场工人受伤，其中一人手部脱臼，另外一人轻微刮擦。经初步分析，事故原因可能是施工所用的千斤顶生锈失效，导致架梁出现意外，如图 6-6 所示。

图 6-6　铁路架梁事故现场

在钢-混叠合梁的预顶升施工过程中，钢梁的强制变形是通过千斤顶提供的顶升力产生。在钢梁的顶升过程中，一旦千斤顶失效而无法提供足够的顶升力，将会使钢梁的受力和变形与预期状态发生较大偏差，引起钢梁的失稳或者落梁破坏,也可能会导致墩顶处反力重新分配,使其他千斤顶的顶升力不足或临时锁紧装置的承载能力不足,引起后果严重的连锁反应。如果在钢梁的落梁过程中发生千斤顶的失效,则可能导致钢梁的回落高度过大、速度过快,对结构的受力造成不利影响,甚至引起结构破坏。

古城特大桥在预顶升施工过程中,钢梁的强制位移较大,尤其是中墩墩顶处的钢梁顶升高度达到了 70 cm,需要千斤顶提供的反力很大,且如果始终使千斤顶保持较高的持荷水平,待对应位置的混凝土桥面板施工完成后,再进行千斤顶的卸载和钢梁的回落,将对千斤顶在持荷阶段的性能提出了很高的要求,难以控制结构的稳定性。

千斤顶失效时,有可能造成钢梁顶升高度不满足设计要求或提前回落,致使墩顶负弯矩区桥面板的有效预压应力不足,降低截面的承载能力。如千斤顶在顶升力较大时突然失效,则有可能使钢梁的受力和变形突然发生变化而失去控制,严重时会造成钢梁的失稳、倒塌,造成人员伤亡。钢梁回落阶段千斤顶的失效,可能会导致钢梁的回落高度过大、回落速度过快,引起构件应力的快速变化,可能会对结构的受力产生不利影响。

古城特大桥采用带精密油压表的千斤顶顶升系统,能够及时掌握实际的顶升力及其与理论顶升力的偏差情况。

此外,由于钢箱梁的顶升高度较大,实际施工过程中采用分级顶升、分级回落的方式,每级顶升与回落高度控制为 5 cm,并通过带有精密油压表示数的千斤顶系统逐级控制顶升力。每级顶升与回落施工前,使各墩墩顶的液压油缸初步带压,带压 5 min 后未发生漏油、油压表示数下降等情况时,可进行顶升与回落施工。每级顶升施工结束后,在支座上抄垫 5 块 1 cm 厚的垫板,然后千斤顶卸载、回落,千斤顶不持荷,由支座通过垫板为上部结构提供稳定的反力。每级回落施工开始前,先通过千斤顶将钢梁稍顶起,撤出支座上抄垫的 5 块 1 cm 厚的垫板,后将千斤顶卸载使钢梁回落至支座上的垫板上,千斤顶卸载、回落,千斤顶不持荷,由支座通过垫板为上部结构提供稳定的反力,以防止千斤顶突然失效导致钢梁回落,避免事故的发生,如图 6-7 所示。

3. 千斤顶弹出

在钢梁的预顶升施工过程中,千斤顶通过顶升力使钢梁发生强制变形,同时千斤顶自身则会受到钢梁产生的较大竖向压力作用。在该压力作用下,千斤顶有可能发生滑动,甚至侧向弹出。千斤顶一旦弹出,不仅会引起结构的破坏,还

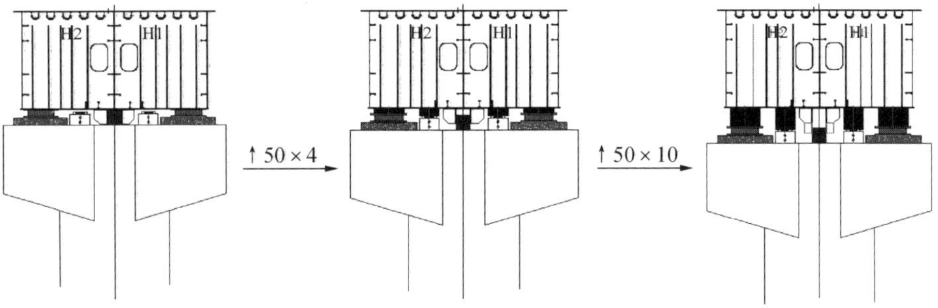

图 6-7　中墩分级顶升过程示意图(单位:mm)

可能对施工现场的人员造成伤害。

在预顶升施工过程中,千斤顶由于为钢梁提供了顶升力,其自身会受到钢梁产生的挤压作用。在古城特大桥中墩顶升结束时,由于此时钢梁最大的强制位移达到了 70 cm,将会需要较大的顶升力,则千斤顶自身受到的挤压作用也较大。这种挤压作用会对千斤顶的稳定性产生影响,千斤顶有可能发生滑动甚至弹出。这种事故一旦发生,往往具有突发性,会使结构突然失去控制,最终可能导致结构的严重破坏、倒塌和惨重的人员伤亡。因此,千斤顶在墩顶的固定必须稳定、可靠。

在现场施工过程中,千斤顶严格按照设计位置进行安装、固定,并严格按照操作规定使用千斤顶及其防护设施。在钢箱梁的顶升与回落过程中,随时对千斤顶及其防护措施的位置、变形等进行监控,一旦发现异常,立刻停止作业。

4. 钢梁局部失稳

钢梁在施工过程中的局部受压失稳往往需要及时采取调整措施,否则可能会造成严重的后果。

澳大利亚墨尔本西门大桥是一座采用稀索体系的钢箱梁斜拉桥,主跨 336 m,最终建成于 1978 年 11 月 15 日。西门桥施工开始两年后,在进行 10 号墩和 11 号墩之间两半钢箱梁的合龙时,发现两端在跨中处高度相差 11.4 cm,施工方对较高的一端进行压重以试图合龙,布设了 10 个 8 t 重的混凝土块。混凝土块的重量使钢箱梁上翼缘横向接缝处发生了屈曲,施工方无视该危险信号继续进行合龙。当合龙完成一半时,施工方得到了必须消除屈曲变形的命令,让工人们将锚固螺栓全部拧开。在这个过程中,钢箱梁的屈曲变形突然扩大,112 m 长的钢箱梁整体坍塌并砸向了临时驻地,导致在梁内施工和驻地内就餐的 35 名工人身亡。在1971年,经过近一年的详细调查,英国皇家专门调查委员会将事故原因归结为结构设计和施工架设方法的失误。时至今日,该事故仍是澳大利亚最为严重的工业事故之一,如图6-8所示。

图6-8 西门大桥事故示意图

对于采用预顶升施工的钢-混叠合梁桥来说,钢箱梁在与顶升过程中可能会发生局部受压失稳。局部失稳一旦发生,需及时采取措施解决局部失稳问题,避免局部失稳现象的进一步发展,否则很可能会造成严重的人员伤亡和巨大的经济损失,产生恶劣的社会影响,因此必须对这一风险加以防范。

钢箱梁在预顶升施工过程中,由于在千斤顶和临时锁紧装置的作用下产生了强制位移,可能会出现应力集中而导致钢梁局部失稳。钢梁发生局部失稳后,如及时采取措施进行调整,虽能避免事故的发生,但会造成工程成本的提高,影响工期,并可能影响工程质量。如不能及时采取措施解决钢梁局部失稳问题,很可能重复澳大利亚墨尔本西门大桥的惨剧。

古城特大桥钢-混叠合梁在设计过程中,针对钢结构普遍存在的局部失稳问题,进行了构造上的设计。钢箱梁部分采用单箱双室截面,底板厚20～32 mm,腹板厚16～20 mm,顶板设有连续纵向U形肋,底板设有连续纵向板肋,腹板设有竖向加劲肋和水平加劲肋,其中竖向加劲肋腹板宽240 mm,厚12 mm,翼板宽120 mm,厚12 mm,水平加劲肋宽200 mm,厚16 mm。钢箱梁每4 m左右设一道横隔板,板厚16 mm;横隔板之间设置一道底板T形横肋,腹板宽

450 mm，厚 16 mm，翼板宽 140 mm，厚 12 mm。此外，通过施工过程中对钢梁线形、应力的监控，也能够及时发现钢梁是否发生局部失稳问题。

5. 局部混凝土压碎

在我国桥梁施工中，由于局部混凝土压碎而产生的事故时有发生。某大桥主桥为带协作跨体系的独塔双索面不对称预应力混凝土斜拉桥，该桥在悬浇主跨梁体 23 号块混凝土时，主梁 16 号块底板、斜腹板及直腹板发生了混凝土局部压溃破坏。经事后调查分析，事故的主要原因是主梁结构设计单薄，尤其是底板厚度过薄，有效截面较小，导致受压区实际应力偏大。

对于钢-混叠合梁桥来说，采用预顶升施工方法的目的在于对墩顶负弯矩区的混凝土桥面板施加预压应力，如果不能准确控制预压应力的大小，会存在预压应力过大使局部混凝土压碎的风险。

预顶升施工方法的目的在于通过钢梁的顶升、回落，为墩顶负弯矩区的混凝土桥面板施加预压应力，以改善其抗裂性能。但由于实际施工过程往往与理论计算情况存在一定偏差，很可能会导致混凝土桥面板预压应力过大而被压碎，虽可能不至于影响结构整体在施工阶段的安全性，但会延误工期，带来经济损失，并可能会对结构在运营阶段的承载能力与安全性造成不利影响。

古城特大桥在施工方案的制定过程中，对钢箱梁的顶升与回落的高度、顺序进行了探讨，得到了最优的施工方案。而在施工过程中，混凝土桥面板的预应力度是施工监控的重点内容之一，一旦发现混凝土有被压碎的风险，可立即采取措施。

6.2.3 混凝土桥面板施工风险

在混凝土桥面板施工过程中，主要的风险源来自持荷期间钢梁下锁紧装置的失效和钢梁在日照温差作用下发生的横向变形或偏移。

1. 持荷期间锁紧装置失效

混凝土桥面板的安装和浇筑是在钢梁顶升与回落的过程中进行的。虽然由于钢梁顶升而产生的负反力会随着混凝土桥面板施工的逐渐完成而减小，甚至消失，但在负反力仍存在时，该风险一旦发生，可能会导致钢梁脱空、变形，混凝土桥面板压碎或开裂，严重时可能导致结构整体倒塌，造成人员伤亡。

由于桥面板中未布设预应力束，古城特大桥通过预顶升施工方法为桥面板施加预压应力，因此混凝土桥面板的安装与浇筑施工是在钢梁的顶升、回落过程中进行的。相比较于锁紧装置在钢梁顶升、回落阶段失效而言，在混凝土桥面板浇筑和安装的持荷期间，由于现场施工设备和人员均处于作业中，现场的临时荷载和施工条件等因素更为复杂。此时，一旦发生锁紧装置失效，很可能会发生钢梁的脱空、混凝土桥面板的压溃或开裂，甚至可能导致钢梁失稳、倒塌，造成更加严重的经济损失和人员伤亡，带来更加严重的后果。

2. 日照横偏

由于太阳辐射作用在横桥向的不均匀性，桥梁结构会在日照下产生横向的温差，从而发生横向的变形或偏移。一方面，现有研究表明，对于钢-混叠合梁来说，由于钢主梁和混凝土桥面板需要协同工作，但二者的导热系数之间存在较大的差异，混凝土桥面板将因此而产生较大的温度应力，从而影响钢-混叠合梁整体的受力性能；另一方面，在施工过程中，钢梁在日照下产生的横向变形或偏移会导致上部未安装桥面板的尺寸或位置出现误差，导致结构实际受力状态偏离设计值。

日照温差效应受到桥址地域、桥梁走向、季节、截面形式等的影响。根据相关气象学研究，安徽省各地的地表太阳辐射量基本为 3 900～4 800 $MJ \cdot m^{-2} \cdot a^{-1}$，太阳辐射资源丰富，而桥址区位于安徽省北部，属安徽省地表太阳辐射量较多的区域。一般来说，桥梁结构往往会由于太阳辐射作用的不均匀性而产生温差作用。对于同时采用了现浇与预制两种混凝土桥面板的古城特大桥来说，在施工过程中，未铺设桥面板的裸露钢梁受日照温差的作用可能较为明显，会在日照温差的作用下产生横向的变形或偏移，导致现浇桥面板或预制桥面板的尺寸、位置出现偏差，从而引起桥面板受力状态的偏差；而对于已安装或浇筑完成的桥面板来说，由于钢材的导热系数和热膨胀系数都明显大于混凝土材料的，导致混凝土桥面板可能会因其下方钢箱梁相对的较大横向变形或偏移而产生较大的应力，对结构的受力性能产生不利影响。因此，实际施工过程中应尽量避免在天气晴朗、日照强烈的高温时段进行混凝土桥面板的浇筑与施工。

6.3 本章小结

本章通过对预顶升钢-混叠合梁桥施工过程中风险控制技术的研究，探讨了预顶升施工钢-混叠合梁桥的施工风险评估方法，并对古城特大桥的施工风险进行了风险源辨识、分析与控制，得到的主要结论如下：

(1) 明确了预顶升钢-混叠合梁桥施工风险分级标准与分级矩阵，提出可通过专家调查法进行风险评估，并建立了风险评估的技术路线。

(2) 结合相关工程事故案例和古城特大桥施工过程，对钢-混叠合梁桥施工过程中的主要风险源进行了辨识与分析，并提出了有针对性的控制方案与对策。通过施工过程中合理的施工组织，结合现场的风险预防措施与安全应急措施，保证了实际施工过程中风险的可控性与风险水平的可接受性。

参考文献

[1] 范立础.桥梁工程[M].2 版.北京:人民交通出版社,2012.

[2] 项海帆.高等桥梁结构理论[M].2 版.北京:人民交通出版社,2013.

[3] 顾祥林.混凝土结构基本原理[M].3 版.上海:同济大学出版社,2015.

[4] 黄侨.桥梁钢-混凝土组合结构设计原理[M].2 版.北京:人民交通出版社股份有限公司,2017.

[5] 赵鸿铁.组合结构设计原理[M].北京:高等教育出版社,2005.

[6] 邵长宇.梁式组合结构桥梁[M].北京:中国建筑工业出版社,2014.

[7] 铁路桥涵混凝土结构设计规范(附条文说明):TB 10092—2017[S].北京:中国铁道出版社,2017.

[8] 公路钢-混组合桥梁设计与施工规范:JTG/T D64-01—2015[S].北京:人民交通出版社,2015.

[9] 杨奇涛.钢-混凝土组合连续梁桥收缩徐变效应分析[D].成都:西南交通大学,2014.

[10] 朱杰.高速铁路斜拉桥钢-混叠合箱梁受力特性及节段模型试验研究[D].成都:西南交通大学,2018.

[11] 王喜军,申全增.秦沈客运专线桥梁新结构综述[J].铁道标准设计,2002(1):1-8.

[12] 林文进.曲线段钢-混凝土组合连续梁桥受力行为数值研究[D].重庆:重庆交通大学,2015.

[13] 侯文崎.铁路钢-混凝土组合桥及剪力连接件的研究[D].长沙:中南大学,2009.

[14] 王皓磊.新型钢-混凝土组合结构研究[D].长沙:湖南大学,2012.

[15] 黄启梓.钢-混凝土组合梁桥采用"支点位移法"施加预应力的设计实例[J].城市道桥与防洪,2017(5):120-121.

[16] 孙蓓.大跨钢-混凝土组合曲线箱梁桥参数敏感性研究[D].西安:西安建筑科技大学,2012.
[17] 熊树章.钢-混叠合梁斜拉桥结构参数敏感性分析[J].中外公路,2016,36(1):159-162.
[18] 刘晓青.公路钢-混组合梁桥设计问题探讨[J].交通世界(上旬刊),2018(5):104-105.
[19] 齐伟杰.钢-混组合梁桥的设计要点和方法[J].城市道桥与防洪,2017(9):88-89,125.
[20] 吕颖钊,唐熙.跨线钢箱-混凝土叠合梁桥施工控制技术[J].交通标准化,2014(19):96-99,104.
[21] 张智杰.简支钢箱-混凝土叠合梁在施工中的控制要点[J].工程建设与设计,2017(15):219-221.
[22] 王天禹.大跨度钢-混组合梁桥施工监控方法及问题分析[D].重庆:重庆交通大学,2015
[23] 阮欣,朱少杰,叶晓牡.复杂桥梁施工过程的风险评估和管理[J].公路,2012(7):178-182.
[24] 吴春武,卢文良,徐林枫,等.某钢箱梁桥上跨既有铁路施工风险分析[J].重庆交通大学学报(自然科学版),2013,32(z1):879-883.
[25] 于春孝.黄冈公铁两用长江大桥施工质量技术风险分析及控制[J].桥梁建设,2012,42(2):104-108.
[26] 程达峰.既有桥梁整体顶升施工方案与风险控制[J].市政技术,2015(2):54-57.
[27] 熊晓辉,王璐,李越龙,等.气候资源变化对阜阳地区主要农作物产量的影响[J].安徽农业科学,2017,45(18):156-157,180.
[28] 潘军.港珠澳大桥钢-混组合连续梁制造及施工关键技术研究[D].南京:东南大学,2017.